Il était une fois Milla Jasmine

Éditions Eyrolles
61, bd Saint-Germain
75240 Paris Cedex 05
www.editions-eyrolles.com

Maquette et mise en pages : Florian Hue

ISBN : 978-2-416-00054-6

Il était une fois Milla Jasmine

Un jour, je serai célèbre

Éditions
EYROLLES

SOMMAIRE

« Si vous vivez un moment difficile, ne blâmez pas la vie.
Vous êtes juste en train de devenir plus fort. »
Gandhi

PROLOGUE

Ce livre n'est pas un conte de fées, même s'il y ressemble. Il ne parle pas de chance, ni de miracles ou de hasard. Il parle de destin, du mien mais aussi du vôtre. J'ai écrit ce livre parce que je suis convaincue au plus profond de moi que nous sommes les acteurs de nos vies et que nous pouvons devenir la personne que nous rêvons d'être, uniquement par le pouvoir de la pensée. Oui ! Je le crois sincèrement ! Votre vie est le résultat de vos pensées. Croyez-le ou non, c'est la vérité. L'endroit où vous vous trouvez, le lit dans lequel vous dormez, la somme que vous avez sur votre compte en banque, la personne avec qui vous vivez, la voiture dans laquelle vous roulez, les habits que vous portez. Tout cela est le résultat de vos pensées. Le seul souci, c'est que vous l'ignorez. Je vous explique, le négatif attire le négatif. Quand vous êtes au plus bas, quand vous baissez les bras face aux difficultés, vous ne voyez pas la solution mais seulement le problème, et donc le peu de pensées positives que vous aviez réussi à faire naître disparaît. Vous n'arrivez plus à vous projeter, à rêver. Et cela a des répercussions sur votre vie.

Je voudrais à travers ce livre vous raconter d'où je suis partie et vous montrer que vous pouvez y arriver et ce, peu importe où vous êtes à ce moment précis, peu importe votre âge et votre situation. Aucun obstacle ne peut vous arrêter, à part ceux que vous vous créez. Le secret, c'est d'y croire et d'y mettre tout son cœur. Ça paraît simple, et vous vous demandez si c'est une blague ? Mais non, vous ne vous êtes pas trompé de livre. Il existe bien une technique pour changer de vie et elle est à la portée de tous. Cela demande un peu d'entraînement. Il s'agit de reprogrammer son cerveau, d'adopter de nouvelles habitudes, de réorienter ses pensées et sans dépenser le moindre centime. Mais ne vous inquiétez pas, je vais vous dire comment faire.

J'ai appris avec les années que les déceptions, les rencontres, les échecs et les moments difficiles faisaient partie de l'apprentissage qui me mènerait à la grande porte de mes rêves. Et croyez-moi, sans ces erreurs, sans ces accrocs dans mon parcours, je n'aurais pas trouvé la clé.

Alors, n'ayez pas peur d'échouer.

De prendre un autre chemin, car c'est souvent le bon.

Un jour, j'ai lu une phrase qui disait : « Le lotus est une fleur qui pousse dans la boue. Plus elle est profonde et épaisse, plus la fleur du lotus sera belle. » Est-ce que vous commencez à comprendre ?

J'ai à cœur de vous accompagner dans ce cheminement, qui n'a rien de sorcier, dans tous les sens du terme. J'espère que vous trouverez au fil des pages l'énergie que je tiens à vous transmettre. De toute évidence, si vous avez ouvert ce livre, c'est que vous êtes prêt et que vous le désirez. Ce n'est que le début, le premier jour de votre nouvelle vie.

CHAPITRE 1

UN JOUR, JE SERAI CÉLÈBRE

Tout commence dans les années 1990. 1998 très précisément et je viens de fêter mes 9 ans, je suis en CM1 et la France vient de remporter la Coupe du monde. Ma mère, Florence, et mon beau-père, Alain, ferment définitivement les volets de la maison de mon enfance. Nous quittons Pignans, petit village du Var dans lequel j'ai grandi, pour nous installer en Angleterre, à Peterborough.

Nous sommes trois sœurs, Safia, Bérangère et moi, je suis la cadette, celle du milieu. J'ai également une « autre » grande sœur, Laura, qui est née de la première union de mon beau-père car nous sommes une famille recomposée. J'ai aussi un adorable petit frère, Thibault, qui a un an à ce moment-là.

J'ai le cœur en miettes. Avec ce déménagement, on m'arrache un bout de moi. Je suis tellement triste durant le trajet qui nous mène dans le Cambridgeshire. C'est la dépression totale et la transition est rude : un matin, je me réveille dans le Sud de la France sous un soleil de plomb et le lendemain je m'endors dans un pays que je ne connais pas, où il fait gris et froid, en Grande-Bretagne.

Cette nouvelle vie est un choc, elle s'oppose à tout ce que nous venons de laisser. Un cauchemar à mon échelle d'enfant. Mais voilà, nous y sommes. Je prends la direction de l'école, je ne parle pas un mot d'anglais et en plus je dois porter un uniforme. Je déteste ça, j'ai l'impression que nous sommes tous des clones sans identité. Je suis encore bien trop jeune pour comprendre que cette indifférenciation a une signification et que le port d'uniformes permet d'éviter toute distinction sociale. Mais à ce moment-là, pour moi, c'est plutôt une punition. Porter des jupes est une punition. Je suis un garçon manqué. À Pignans, je mettais des pantalons larges, des tee-shirts larges et ça ne posait pas de problème à personne. Cet uniforme rouge, blanc et noir me colle à la peau au point de faire des allergies. Non, définitivement, ici, rien ne va ! Sans parler du *peanut butter* et de la *jelly*, dont les Anglais raffolent, écœurants !

Je ne comprends pas ce que nous faisons là, et ma petite soeur Bérengère non plus.

Ces premiers pas outre-Manche, nous les faisons toutes les deux, main dans la main. Mon petit frère est également avec nous, mais, à cette époque, il est encore tellement petit. Quant à mes deux grandes sœurs, Laura et Safia, elles ne sont pas avec nous. L'une fait l'expérience de vivre chez sa mère, l'autre chez notre père. Avec Bérengère, on en veut à nos parents et à la terre entière de nous avoir arrachées à notre village pour nous retrouver dans un pays où l'on ne parle pas la même langue. Plus de cigales pour chanter, plus de vélos pour foncer à travers champs, plus d'amis pour sortir et jouer, plus de ruisseaux dans lesquels attraper les têtards, plus de Shoraya, ma copine, avec qui je faisais les quatre cents coups, plus de sonnerie chez la voisine en s'enfuyant en rigolant, plus d'arbres à grimper pour cueillir des cerises. Plus de balançoire dans le jardin et plus de piscine pour se baigner. Mais heureusement, il est là. Il nous a suivis dans les cartons, il a traversé la mer avec nous. Qui ça ? Notre radiocassette rouge. Je l'ai reçu à mon anniversaire et ce cadeau a changé ma vie. Depuis plusieurs années, je ne le lâche pas d'une semelle. Il me suit partout, dans la cuisine, le salon, ma chambre, même dans la salle de bains. Si je l'aime tant, c'est parce que j'écoute la radio et toutes mes chanteuses préférées, de Céline Dion à Whitney Houston, en passant par Mariah Carey. J'enregistre leurs tubes quand elles passent sur les ondes. Mais surtout, ce qui me plaît le plus, je m'amuse à m'enregistrer depuis le jour où ma sœur et moi avons découvert que c'était possible en appuyant simultanément sur les touches « Play » et « Rec ». Une véritable révolution. Mes journées consistent donc à glisser des cassettes dans la machine, à saisir mon micro et à monter sur scène, la scène étant notre canapé !

Alors c'est comme ça qu'en Angleterre, et parce qu'on ne se fait pas à cette nouvelle vie, notre radiocassette devient notre refuge. C'est elle qui nous divertit et qui nous relie à Pignans et à nos jeux d'avant. Nos après-midis tournent autour d'elle et se résument ainsi : on chante, on danse, on se déguise. On enregistre nos voix sur la radiocassette en improvisant des interviews ou en imitant des accents ou des camarades de classes. On fait des « shows » sur la bande originale de *Pretty Woman* devant ma mère, mon beau-père et mon petit frère. Je dis nos après-midis parce qu'en Angleterre, nous quittons l'école à 15 h 20, et ça, c'est le bon côté des écoles anglaises. Une fois libres, nous explorons l'immense maison dans laquelle nous logeons. C'est même un manoir qui date des années 1800, tout en briques rouges avec des bow-windows, sans volets. Il est un peu flippant alors on se raconte des histoires de fantômes en passant d'une pièce à l'autre. Un jour, on trouve des vinyles de Madonna dans le grenier, certainement laissés à l'abandon par les anciens locataires. À nos yeux, ce trésor est une aubaine pour égayer nos spectacles ! C'est de la folie. Surtout que ma mère nous autorise à investir le grenier : il deviendra notre loge et elle nous aide. On le réaménage avec des posters, des couvertures au sol, des costumes !

Ma petite sœur et moi, nous formons un duo solide. Je la protège comme si j'étais la plus grande de la fratrie, alors que je suis la cadette et que seulement treize mois nous séparent. Je la protège comme elle me protège. Bien que différentes physiquement, elle qui est aussi blonde que je suis brune, aussi discrète que je suis entreprenante. Elle devient officiellement ma meilleure amie, ma seule amie. À partir de cet instant, nous faisons même un pacte, que nous appelons « Le pacte du Sud », celui de ne pas adresser la parole aux Anglais et plus particulièrement à nos petits camarades de classe. Un peu comme si c'était de leur faute ce qui nous arrivait.

C'est marrant, parce qu'aujourd'hui, je garde un souvenir très tendre des Anglais. De loin, c'est le peuple le plus gentil que j'ai connu. Il faut dire qu'avec les mois, les élèves font des efforts : ils nous offrent des gâteaux et tentent même de nous parler en français (dictionnaire à l'appui !) pour faire notre connaissance. Ils sont gentils et extrêmement bienveillants. Alors nous finissons par nous raviser et par nous ouvrir un peu. « Le pacte du Sud » existera toujours dans nos cœurs mais on est désormais d'accord pour se faire de nouveaux copains. Grâce à ces rapprochements, nous devenons rapidement bilingues en seulement six mois. Nous nous rendons aux anniversaires des uns et des autres, nous découvrons aussi la douceur des fêtes de Noël, d'Halloween, de l'hiver sous un ciel bas. Cette réconciliation concorde avec l'arrivée de Laura, notre grande sœur, qui décide de nous rejoindre au bout d'un an.

Avec la présence de Laura, la vie en Angleterre se réchauffe. Elle se mêle à nos jeux et adopte, elle aussi, la radiocassette. C'est comme ça que, quelques mois après son arrivée, nous nous retrouvons à jouer sur la terrasse à la lueur des beaux jours : elle en journaliste, moi en star. Ma petite sœur, bien sûr, est présente. Nous sommes toutes les trois assises sur les chaises en plastique de notre salon de jardin. Dans les années 1990, tout le monde a ce salon de jardin vert ou blanc. Ma grande sœur tient le micro virtuel et me pose des questions tout en me filmant avec le caméscope que mes parents viennent d'acquérir. C'est un de mes passe-temps favoris, faire de fausses interviews en vidéo ! Dans cette interview, je prends mon rôle à cœur : j'imagine que je suis une actrice connue à l'international, ce que je rêve de devenir. Je viens de recevoir mon premier Oscar, je plane sur un nuage de paillettes et sous des centaines de projecteurs. J'ai une imagination débordante. J'en fais des tonnes pour être convaincante ; après tout, je viens du Sud et je parle avec énergie. Je lui confie alors que la vie de star, ce n'est pas tous les jours facile, que ma famille me manque terriblement, que la promo du film se déroule à merveille et que j'adore mon public. Je lui parle aussi de la vie aux États-Unis, de mon petit ami et de nos fiançailles. Malgré ma grande carrière, on a encore du mal à joindre les deux bouts. Voilà ce que je dis dans cette vidéo, mot pour mot.

Ma grande sœur Laura hoche la tête, enchaîne les questions. De temps à autre, pour que mes répliques sonnent toujours plus vraies, j'ajoute des mots en anglais. Ça fait bien de dire que mon quotidien est *very difficult* à gérer. J'envoie des baisers à mon cher et tendre et à mon public face caméra. Vraiment, je suis à fond dans ce que je dis, surtout maintenant que je parle anglais, j'en profite. Le caméscope de mes parents tourne toujours. Ce nouvel accessoire, qui complète notre panoplie de jeux, capte nos gestes et nos voix. C'est une vraie attraction mais surtout une vraie révélation. À cet instant, 9 ans ou pas, jeu ou pas jeu, je vis mon truc. J'ai des milliers d'images dans la tête et la sensation d'être cette star américaine dont je brosse le portrait.

Si je vous raconte tout ça, que je vous parle de ma radiocassette, de mes sœurs et de mon enfance, c'est parce que je n'ai rien perdu de cette scène que nous avons filmée. Je suis retombée dessus récemment. Dix-huit ans plus tard précisément, je l'ai visionnée et les émotions se sont bousculées. D'abord, j'ai ri. J'ai ri parce que l'entrain de cette petite fille qui s'y croyait, qui tente de piquer les codes du show-business et qui replace ses cheveux comme si elle était invitée sur un plateau télé, est drôle et surprenant. Ensuite, j'ai été émue. Émue de constater qu'une partie de cette interview est vraie et s'est réalisée. Les États-Unis, le chéri, la télé. Incroyable. Un choc face aux propos de cette vidéo.

Bien sûr, il est plutôt commun de rêver de devenir chanteuse, actrice et célèbre, quand ce n'est pas maîtresse d'école, coiffeuse ou princesse. Mais le plus troublant, pour ma part, c'est qu'il ne s'agissait pas seulement d'un souhait mais bien d'une certitude. La nuance a son importance. Je n'ai jamais espéré devenir célèbre, je savais que je deviendrai célèbre. Ce n'est pas de la prétention, je ne saurais comment vous l'expliquer, mais je le savais au fond de moi, j'en étais convaincue. Le « comment j'allais le devenir » et le « quand » ne comptaient pas. L'essentiel était que je le savais.

“

Je n’ai jamais espéré
devenir célèbre,
je savais
que je le deviendrai.

”

Enfant, j'étais conditionnée à ça, ou plutôt je me suis conditionnée à ça. Je ne cherchais pas à provoquer ce destin, pour moi, ce destin m'appartenait déjà. Encore une fois, ce n'est pas de la prétention, attendez de lire la suite… Intérieurement, je me disais qu'il était impossible que ma vie prenne des allures de petite vie tranquille dans un pavillon, des enfants, du calme. Je ne renie en rien ce mode de vie, mais ce n'était pas ça la vie que j'espérais avoir.

Bien avant mes 10 ans, je me voyais déjà conduire une belle voiture, vivre dans une belle et grande maison. Je savais même à quoi allait ressembler chaque pièce. Je me voyais voyager aux quatre coins du monde, multiplier les interviews et les rencontres. Je voyais tout et, dans ma tête, je parlais au présent, comme si tout cela existait. Chaque nuit, avant de dormir, je passais deux à trois heures à visualiser mon avenir, mais au présent. Je le faisais aussi quand je me levais et plusieurs fois dans la journée. Je visualisais cette vie sans pour autant ne pas profiter de celle que je vivais. À 10 ans, on ne peut pas conduire, mais pour moi, ce que je vivais dans ma tête m'appartenait déjà.

Je ne savais pas à quel moment précis j'allais changer et connaître cette vie, la vivre en « vrai de vrai », ni dans quel domaine je m'épanouirais pour en arriver là. Je ne savais pas comment, par quels moyens et quels chemins j'y arriverais, mais je savais que j'y arriverais. Parce que dans ma tête, j'y arrivais déjà, il fallait juste que ça se matérialise.

Là où je souhaite en venir, c'est que nos rêves de gamins paraissent toujours un peu exagérés et empreints d'insouciance, mais en réalité, on ne devrait jamais les perdre. On ne devrait pas s'en moquer, renoncer ou les abandonner. On ne devrait pas se décourager sous prétexte que l'on chante faux ou que les places sont rares dans le milieu du cinéma, de l'aviation ou que sais-je encore ! Enfant, on rêve sans limite et sans contrainte, et c'est important, non ? On rêve d'être vétérinaire ou actrice, on rêve d'être footballeur ou archéologue, mais on finit toujours par étouffer nos désirs. Parce qu'on grandit, parce que la réalité et la maturité nous rattrapent, parce qu'on nous dit qu'il faut travailler à l'école, payer ses factures, vivre dans la réalité. On ne devrait pas abandonner nos rêves, peu importe la réalité.

On devrait avancer, toujours, avec ce brin d'innocence et cette énergie qui font les vainqueurs. Vous souvenez-vous de votre enfance, de vos rêves d'enfant, de ceux que vous avez peut-être lâchés parce qu'ils paraissaient irréalisables ou trop grands pour vous ? Parce que d'autres personnes vous ont dit que vous n'y arriveriez jamais ?

Moi, je me faisais des films dans ma tête et j'y croyais dur comme fer ! J'ai été le genre d'enfant qui rêvait déjà d'une autre vie, j'ai été cette adolescente qui, en Angleterre, a découvert le magasin Claire's et les paillettes qu'on s'étale partout sur le visage, les bras, les épaules. J'ai été cette rêveuse qui, le soir avant de s'endormir, imaginait sa maison future avec sa piscine et son immense dressing. Les images étaient extrêmement précises. À chaque fois que je fermais les yeux, je me projetais, même si je n'avais aucune idée de ce que voulait dire « se projeter ». Simplement, je voyais tout. Ma vie à 16 ans, ma vie à 20 ans, ma vie à 30 ans. Je crois même que les images se sont affinées avec les années, parce que je regardais beaucoup de films hollywoodiens, ceux qui nous font rêver ! L'arrivée d'Internet a aussi changé la donne. J'ai nourri mon rêve en passant des heures à regarder des photos de villas, de stars, de galas, que je pouvais moi-même choisir. Tout prenait forme : le décor de mon avenir était d'une clarté déconcertante.

J'ai été, aussi, cette jeune fille à l'école qui écrivait des « mots » dans les agendas des autres et qui signait : « Garde bien cette signature précieusement, car plus tard, je serai célèbre et elle vaudra de l'or ! » À chaque fois que je signais, j'étais sûre de moi. Je leur faisais croire que c'était un jeu, une blague à ne pas prendre au sérieux sinon je me serais faite lyncher, en passant pour une prétentieuse, mais intérieurement je me disais que « oui », un jour, cette signature laissée dans un cahier de texte aurait de l'importance. Même si je ne suis pas devenue Madonna, malgré tout, je suis sûre que cela doit faire sourire certains de mes camarades en tombant sur ce mot.

Mais bon, comme la plupart des gens, et peut-être comme vous, j'ai perdu mon étincelle en grandissant, la réalité et les problèmes de la vie m'ont vite rattrapée. Cependant, je crois que cette lueur n'a jamais vraiment disparu. Même si je ne prêtais plus attention à elle, elle ne s'est jamais vraiment éteinte. Elle a toujours été là, dans un coin, même au fond d'un tiroir, invisible, silencieuse, à attendre que je revienne. J'ai eu des hauts et de vrais bas tout au long de mon parcours. Le contraire serait mentir. Il y a des jours où je m'en suis voulu d'avoir passé autant de temps à rêver, penser, espérer, croire en des choses que je n'aurais jamais. Au fond de moi, je n'entretenais plus cette flamme mais je m'accrochais sans savoir à quoi, sans savoir la suite, en espérant qu'un jour ce serait différent. Je crois qu'en réalité, sans le savoir, le cordon qui me maintenait la tête hors de l'eau était l'espoir. Cette force me reliait forcément à mes rêves enfouis : « La force, c'est de pouvoir regarder la douleur en face, lui sourire et continuer malgré ses coups à se tenir debout. » *(auteur inconnu)*

Mais quand je regarde cette vidéo de mon enfance, quand je me revois sur cette chaise verte en plastique trop large pour moi, je réalise que je pratiquais déjà, sans le savoir et dont j'ai eu connaissance bien plus tard, ce que l'on appelle la loi de l'attraction.

DÉFINITION DE LA LOI DE L'ATTRACTION

La loi de l'attraction est la croyance qu'en se concentrant sur des pensées positives ou des pensées négatives, les gens peuvent apporter des expériences positives ou négatives dans leur vie. Cette croyance est fondée sur l'idée que les personnes et leurs pensées sont à la fois de la « pure énergie » et que, par le processus qui veut que « l'énergie attire une énergie semblable », une personne peut donc améliorer sa propre santé, sa richesse, ses relations personnelles, par le biais de la pensée. Je n'ai pas inventé cette loi, elle existe depuis toujours.

Quand on grandit, on nous apprend à être terre à terre, à abandonner nos rêves, alors que cette loi est mondialement connue. Comme si les gens ne voulaient pas la partager, dans le but d'être les seuls à pouvoir s'en servir. Mais, je vous rassure, elle est à la portée de tous !

Lorsque j'ai découvert cette loi, cela a été une révélation, ça a changé toute ma vie car sans le savoir, je découvrais que je pratiquais ce qu'on appelle la loi de l'attraction depuis mon plus jeune âge. Et tout ce qui me semblait flou jusque-là, impensable, irréaliste, a pris enfin un sens et m'a réconfortée. Moi qui pensais que rêver était pour les utopistes, que c'était une perte de temps. Je me revois bloquer mes pensées positives parfois, tellement elles me semblaient surréalistes et irréalisables. Quelle erreur ! Car en réalité, j'étais dans le vrai, c'est le moyen qui vous permet d'obtenir tout ce que vous voulez.

La première chose que vous devez impérativement vous dire, c'est que c'est possible. Tout l'est désormais. Vous devez y croire. Sans votre certitude la magie ne peut pas opérer. Peu importe où vous en êtes dans votre vie actuellement, financièrement, sentimentalement, il n'est jamais trop tard, bien au contraire. Ce n'est que le début !

Deuxièmement, vos rêves et objectifs doivent être les plus précis possible. Si vous voulez une nouvelle paire de chaussures, indiquez le modèle et votre pointure. Par exemple, dans la vidéo que ma sœur a enregistrée : tout était très précis. J'ai dit l'âge que j'avais, le pays dans lequel j'habitais, ma situation amoureuse, le métier que je faisais. Et le plus important, j'ai décrit ce que je ressentais : « Mon public me manque », « On va bientôt se fiancer », etc.

En m'exprimant ainsi, en plaçant autant de détails au cœur de mon propos – de ma vie aux US en passant par mon public –, j'attirais à moi l'avenir que j'espérais construire et connaître sans même le savoir. J'envoyais un premier message à l'Univers, et même si je n'ai pas multiplié ces messages au départ, même si je ne réalisais pas bien l'impact de mes projections sur mon futur, je n'ai cessé de semer au cours de ma vie, consciemment ou pas, les graines de celle que je mène désormais.

J'ai bien conscience que tout cela peut paraître très « facile » au premier abord, ou à l'inverse absolument irrationnel de pouvoir obtenir ce que l'on désire par le simple biais de la pensée. Certains seront tentés de penser que ma vie actuelle est le fruit du hasard, et que maintenant que j'ai réalisé tout ça, que je vis comme ça, il est facile d'imaginer que mon destin s'est façonné grâce à mes pensées. Mais je crois dur comme fer que nous sommes maîtres de nos destins et vous comprendrez bientôt pourquoi j'en viens à cette conclusion. Bien sûr qu'on est tentés de conclure que tous les footballeurs rêvaient d'être footballeurs, mais qu'est-il arrivé à tous ceux qui rêvaient d'être footballeurs et ne le sont pas devenus ? C'est vrai, on ne les entend plus. On entend seulement ceux qui ont vu leur rêve prendre forme un jour et jouer en ligue 1 ! J'entends bien ce point de vue, mais je voudrais mettre les choses au clair : mes pensées de jeunesse seules n'ont pas fait le job. Bien au contraire, il y eu des moments comme je vous l'ai dit où j'ai même pratiqué l'inverse. Je me persuadais que toutes ces pensées que j'avais pu avoir étaient le fruit d'une imagination débordante, et que désormais, il fallait les abandonner, payer les factures, travailler pour avoir une stabilité et rester connectée à la fausse réalité que je croyais être la bonne. Jusqu'à ce que je prenne connaissance de cette loi, que je l'apprenne et la maîtrise. C'est pour cela que vous ne devez pas avoir peur de commencer maintenant, peu importe votre situation actuelle, même après un divorce et même à un certain âge !

Étant de nature positive, j'ai donc continué, tout au long de ma vie, malgré les hauts et les bas, à diriger mes pensées vers ce que je chérissais au plus profond, vers ce que je croyais le plus évident pour moi. Et quand je l'ai découverte, je me suis simplement dit : si cette loi avait fonctionné pour d'autres, pourquoi elle ne marcherait pas pour moi ? Après tout, ce ne sont que des pensées, je n'ai rien à perdre, juste à essayer sérieusement. Certes, c'est du travail. Mais la bonne nouvelle, c'est que ce travail ne demande rien que vous ne possédiez déjà, à part de la volonté, de la rigueur, des pensées positives et quelques passages à l'action, car, retenez bien cela : pour obtenir quelque chose que vous n'avez jamais eu, vous devez faire des choses que vous n'avez jamais faites.

Aujourd'hui, je suis là, à écrire, à vous écrire. J'ai ce désir de vous raconter ce que j'ai appris au fil de mon parcours et de vous dévoiler comment la petite fille qui se prenait pour Céline Dion est devenue Milla Jasmine. Parce que vous aussi, vous pouvez devenir la personne que vous voulez être.

« Vous aussi, vous pouvez devenir la personne que vous voulez être. »

LA LOI DE L'ATTRACTION OU LE POUVOIR DE LA PENSÉE

Beaucoup de gens ignorent que le ton et le fond de leurs pensées influent sur leur quotidien et sur leur futur. Pourtant, avez-vous déjà remarqué que, parfois, vous pensez à une personne et cette personne vous appelle ? Vous croyez au hasard mais c'est en réalité une manifestation de la loi de l'attraction. La loi de l'attraction se base sur le principe suivant, très simple à retenir, dont nous allons parler tout au long de ce livre : notre vie est le résultat de nos pensées.

Si vous pensez à quelque chose de positif, vous attirez ce quelque chose de positif, tandis que si vous ruminez un point négatif, vous attirez ce point négatif. On peut décider de nos pensées pour attirer à soi ce que l'on souhaite. Mais vous verrez, il ne s'agit pas seulement de « penser », il s'agit également de visualiser et d'y croire, de les ressentir pour manifester ces choses, c'est-à-dire de donner « corps » à ces pensées. C'est comme ça que l'on atteint ses objectifs, qu'ils soient petits ou gros, raisonnables ou très grands ! Vous attirez ce en quoi vous mettez votre énergie. Je pratique la loi de l'attraction depuis plusieurs années maintenant, en réalité depuis ma plus tendre enfance ! En incarnant cette actrice que je voulais être, mais pas seulement. C'est tout bête, mais je me souviens de ces moments en famille autour de la galette des Rois. Chaque année, c'était la même histoire : ce n'est pas que je voulais décrocher la fève comme chaque personne qui en mangeait, je savais que j'allais l'avoir ! J'en étais absolument convaincue et j'avais toujours la fève. Mes parents ont bien pensé que je trichais. On a inventé mille façons de tirer les Rois, on a mis un torchon sur la galette, on m'a placée à plusieurs mètres de la table, on m'a bandé les yeux mais rien n'y faisait. J'avais toujours la fève, et la couronne. On aurait pu m'envoyer trois rues plus loin avec trois bandanas sur les yeux, le résultat aurait été le même. Aujourd'hui encore, c'est le cas ! On peut penser à une coïncidence, à de la chance. Pourquoi pas. Je ne renie pas ces aspects, mais la réalité n'est pas là. La réalité est dans l'énergie que nous mettons à projeter la façon dont les événements se déroulent.

Il existe un véritable fossé entre « vouloir » et « y croire ». Il ne suffit pas de vouloir être riche ou de changer de vie, il faut aussi croire en vous et en vos pensées. Bien entendu, on commence par vouloir. Puis, on se projette, on visualise des scènes en accord avec nos rêves et, à force, on y croit. Comment faire pour se retrouver avec cette fève sous la dent ? Voilà comment j'ai toujours fait : je voyais cette galette posée sur la table et, intérieurement, je me voyais la trouver et je sentais l'euphorie qui venait en rajoutant les commentaires qui allaient avec : « C'est toujours elle qui la gagne. » Pour que cela fonctionne, vous devez ressentir que la fève vous appartient déjà et le sentiment que cela vous procure en l'ayant gagnée. La pensée et le sentiment ne doivent faire qu'un. Je pense que quand on croit fort à notre souhait, quand notre rêve nous habite, une énergie positive se dégage de nous et l'Univers s'en saisit. Il entend le message et nous accompagne dans la réalisation de notre projet. C'est comme un boomerang : ce que vous envoyez à l'Univers vous revient.

> **« *Réfléchissez à deux fois avant de penser.* »**

J'aime croire que nous sommes des aimants. Nous attirons à nous ce que nous pensons. Cela signifie, en d'autres mots, que ce qui nous arrive au quotidien n'est pas le fruit du hasard, de la malchance, d'un sort qui s'acharne. C'est le fruit de l'intérieur. Ce qui veut dire que… nous avons tous le pouvoir de changer notre vie grâce à nos pensées. Je crois sincèrement que si vous désirez du plus profond de votre cœur qu'une chose se produise, cela se réalisera. Je vous parle d'une fève dans une galette comme j'aurais pu vous donner un autre exemple, car l'Univers est sans limite.

La loi de l'attraction se pratique sérieusement et régulièrement. Ce n'est pas un passe-temps, un truc auquel on s'adonne quand on s'ennuie ou qu'on désespère ! C'est une vraie loi qui nous entoure, et c'est un véritable cheminement, un véritable mode de vie. Imaginons que vous souhaitez toucher 1 000 euros, ne vous concentrez pas sur la façon dont vous allez devoir gagner cet argent mais uniquement sur cette somme et ce que vous allez pouvoir faire avec. Bien sûr, vous n'allez pas vous réveiller avec 1 000 euros sous votre oreiller mais peut-être que vous allez obtenir une augmentation, une promotion au boulot, gagner à un jeu de hasard, recevoir un chèque chez vous. Et ceci ne sera pas une coïncidence ou de la chance, c'est simplement vous qui avez passé commande à l'Univers et celui-ci vous a répondu. Je vais donc vous donner quelques exemples avant d'aller plus loin. Imaginez que vous voulez une Ferrari ou n'importe quoi d'autre. Vous n'avez pas les moyens mais ce n'est pas la question. La loi de l'attraction ne se formalise pas, elle n'a pas accès à votre compte en banque et elle ne dispose pas du numéro de téléphone de votre banquier ! Pire, ça n'a aucune importance. L'important, c'est de penser positivement (et activement !) à cette Ferrari. Imaginez qu'elle vous appartient déjà et la sensation que cela vous procure. N'ayez pas peur d'être ridicule en imitant le bruit du moteur, l'essentiel c'est de vraiment y croire. L'important, c'est vraiment de plonger dans la scène comme si vous y étiez. En essayant de convoquer tous les détails possibles : le modèle, l'année, sa couleur et aussi celle des sièges. Est-ce une boîte automatique ? Combien de chevaux ? Quelle chanson écoutez-vous ? Est-ce qu'il fait chaud ? Est-ce qu'il fait jour ? Sentez-vous l'odeur des sièges neufs ? Sont-ils chauffants ? Il faut que ce soit le plus réaliste possible et le plus proche de vos attentes. En étant à fond dans la scène, en la dessinant ou en l'imaginant à votre goût, vous êtes forcément dans l'émotion et vous vibrez. Cette vibration, l'Univers l'attrape, et plus votre taux vibratoire est fort, plus l'Univers le perçoit ! Et bientôt, cette vibration vous reviendra comme un boomerang… et la Ferrari finira un jour par vous appartenir ! Ça vous paraît surréaliste ? C'est pourtant la vérité. La loi trouvera un moyen de vous l'apporter, pas sur le palier de votre porte le lendemain – à moins de gagner au Loto –, mais elle trouvera un chemin pour venir à vous. Nous aurions tort de ne pas prendre en compte la loi de l'attraction et de ne pas nous appuyer sur elle pour nous accomplir. Je crois en cette loi. Cette loi m'a amenée là où je suis. Elle vous conduira là où vous souhaitez aller. Croyez-moi.

LES QUATORZE LOIS DE L'UNIVERS

La loi de l'attraction appartient aux quatorze lois de l'Univers. Je vous les explique ici. Vous cernerez mieux la puissance de la loi de l'attraction.

La loi de l'unité divine : cette loi nous rappelle que nous vivons dans un Univers connecté. Nous sommes tous liés. Nos mots et nos actes sont liés, se répondent, s'entrecroisent. Nous ne faisons pas cavalier seul !

La loi de la vibration : cette loi nous dit que, dans l'Univers, tout vibre. C'est-à-dire que l'énergie est partout. Tout ce que nous disons ou faisons est source d'énergie et l'Univers reçoit cette énergie. Ensuite, il nous renvoie une énergie. Cette loi est très proche de la loi de l'attraction : sans vibration, pas d'attraction !

La loi de l'action : cette loi, comme son nom l'indique, nous montre que pour atteindre nos objectifs et réaliser nos rêves, nous devons agir. La pensée est importante et l'action « prend la suite ». Nous verrons comment agir !

La loi des correspondances : cette loi nous dit que tout ce qui existe autour de nous, dans le monde réel, a d'abord existé en pensée. Ce qui signifie qu'il est important de penser ses projets avant de les concrétiser. Chaque monument a dû être pensé avant d'être réalisé.

La loi de cause à effet, dite aussi la loi du karma : nous récolterons ce que nous avons semé. Lorsque nous choisissons d'agir pour apporter le bonheur et le succès aux autres, alors les fruits du karma sont le bonheur et le succès. En revanche, pour l'inverse, il y a toujours des conséquences qui vous reviendront tel un miroir. C'est un peu l'effet papillon : « Aujourd'hui, tu es le joueur. Demain, tu seras le jouet. »

La loi de compensation : cette loi fait appel à notre capacité à donner le plus possible, sans forcément attendre en retour. Plus nous donnons, plus nous recevons. Et plus nous donnons de manière désintéressée, plus nous recevons généreusement.

La loi de l'attraction : c'est donc la loi dont je vous parle, la plus connue ! Elle nous enseigne quelque chose de fondamental. Toutes nos pensées positives se transforment en énergie positive, si bien que nous attirons l'objet de nos pensées. De la même façon, les énergies négatives que nous émettons sont captées par l'Univers et nous reviennent… négativement.

La loi de la transmutation de l'énergie : cette loi nous précise que nous pouvons émettre le bon taux vibratoire pour attirer à nous nos rêves. Si vous êtes sur une mauvaise fréquence, vous pouvez élever cette fréquence pour qu'elle devienne positive. Les mauvaises vibrations nous mettent dans le pétrin, et les bonnes vibrations nous ouvrent des portes.

La loi de la gestation : cette loi, pleine de sagesse, nous rappelle que la patience est mère de toutes les vertus. Quoi que nous demandions à l'Univers, il faut accepter que cela prenne parfois du temps. L'Univers en a besoin pour réaliser nos souhaits. Parce que c'est du boulot pour lui !

La loi de la relativité : cette loi est très importante car elle nous demande de relativiser. Oui, parfois, nous rencontrons des galères, mais toutes ces galères ont un sens. Elles nous apprennent des choses sur nous, notre vie, notre façon d'être. Nous pouvons toujours tirer des leçons de nos expériences et des événements.

La loi de la polarité : cette loi nous invite à trouver le positif dans le négatif. Parce que oui, le négatif a un versant ! Peut-être qu'il pleut, mais ce qu'il y a de positif là-dedans, c'est que cela rafraîchit votre jardin, ou que vous allez passer une petite soirée cocooning chez vous, tranquille au chaud…

La loi du rythme : la loi du rythme nous indique que la vie est faite de cycles. Les saisons reviennent. Notre vie est un cycle. La roue tourne. Nous renaissons sans cesse, pour de nouvelles aventures, de nouvelles possibilités ! Au quotidien, cela implique aussi d'écouter son rythme et, plus largement, son intuition.

La loi de la croyance : cette loi est essentielle puisqu'elle nous rappelle que nous avons tous des croyances (je suis vraiment trop grosse, mes voisins réussissent mieux que moi, je ne suis pas fait pour jouer au foot…) et que ces croyances deviennent des vérités pour nous. Or, elles ne sont que des perceptions biaisées ! Nous devons apprendre à nous détacher de ce que nous pensons « vrai », au risque de nous enfermer ou de nous décourager trop vite. Car vous êtes d'accord, si vous êtes persuadé que vous allez rater votre quiche, vous allez rater votre quiche !

La loi du genre : cette loi se base sur le yang (le masculin) et le yin (le féminin). Elle nous dit que les deux s'équilibrent : d'un côté la virilité, la force ; de l'autre la sensibilité et l'émotion. Nous sommes tous un peu de tout ça. Et c'est pour cette raison que nous avons le potentiel pour réussir ! Nous devons nous armer de nos forces et de nos émotions.

Vous voyez pourquoi il est donc important de penser positif ? Et vous voyez pourquoi, si vous tenez à attirer quelque chose à vous, vous devez y penser et y croire, plutôt que vous répéter que ça ne marchera jamais ? Je vais vous donner un exemple pour que vous compreniez parfaitement les rouages de la loi de l'attraction. C'est un exemple auquel je tiens beaucoup.

PETER PAN

Vous avez déjà vu le film *Hook ou la Revanche du capitaine Crochet*, film sorti en 1991, dans lequel Peter Pan est interprété par Robin Williams ? Le film baigne dans la loi de l'attraction et la pensée positive. Mieux que ça, il en illustre ses principes.

Dans ce long-métrage, quand Peter Pan ne croit plus en ses rêves, il devient adulte. Il a tout oublié de son enfance et du pays imaginaire. Mais un jour, le capitaine Crochet enlève ses enfants. Clochette vient donc à la rescousse de Peter Pan en l'entraînant au village des enfants perdus. Quand il arrive, une grande table est dressée mais dépourvue de nourriture. Peter Pan meurt de faim et demande où est la nourriture. Vous vous en souvenez ? C'est évident, j'aurais fait pareil, pas vous ? Mais les enfants lui répondent : « Tu n'as qu'à imaginer qu'elle est là ! » Peter Pan ne comprend pas, il ne voit rien, il n'y a rien, il n'est pas fou ! Alors il se défend : « Je ne peux pas imaginer qu'elle est là puisque qu'elle n'est pas là ! Il n'y a pas de nourriture ! » Mais les enfants ne se démontent pas et commencent à faire semblant de boire, de manger, de se servir, de se passer les plats en disant que c'est très chaud ! Ils miment tout ça, portent la nourriture à leur bouche et se régalent. Peter Pan trouve ça ridicule et ne comprend pas. Les enfants ne cessent de lui dire : « Utilise ton imagination ! C'était ton jeu préferé. » Jusqu'au moment où un enfant avec qui Peter ne s'entend pas arrive à table, Peter décide de faire mine de jeter de la nourriture sur la tête du garçon et à ce moment-là, la nourriture devient réelle ! Il n'en revient pas et les enfants surpris et heureux lui disent : « Tu as réussi ! » Peter ne comprend pas et réplique : « Réussi quoi ? » Un enfant lui répond : « À utiliser ton imagination ! » Et de là, le festin se dresse, la table est envahie par la nourriture. Mais comment est-ce possible ? C'est possible parce que les enfants y ont cru, parce qu'ils ont visualisé cette nourriture. Bien sûr que tout n'apparaîtra pas sous vos yeux instantanément. Personnellement, ce film a marqué mon enfance, et cette scène m'a marquée *a posteriori*. Tout le scénario part de là, du pouvoir de la pensée.

En parlant d'apparition immédiate, je voudrais vous raconter une autre anecdote. Je ne suis partie qu'une seule fois en colonie de vacances, j'avais 13-14 ans, c'était à l'époque où je vivais encore dans le Sud. Là-bas, j'ai rencontré Kira, qui est toujours mon amie aujourd'hui, et Jordan. Tous les trois, nous avons formé une chouette petite bande. Nous avons eu beaucoup de mal à nous séparer à la fin des vacances, mais qu'à cela ne tienne, nous avons échangé nos adresses postales et des dizaines de lettres et coups de fil par la suite. Seulement, la vie et les kilomètres sont passés par là et nous nous sommes perdus de vue. Enfin, Kira et moi avons surtout perdu de vue Jordan : à l'adolescence, il a rencontré une fille et cette fille n'aimait pas trop qu'il passe du temps au téléphone avec « ses deux copines de colo ». Et puis à l'âge de 18 ans, quand je débarque à Paris, je prends un plaisir fou à retrouver Kira « ma copine de colo ». Elle est parisienne, il n'y a désormais plus de distance entre nous. Un après-midi, nous prenons le métro pour aller faire un tour à Château d'eau se faire faire une manucure, mais tellement happées par nos conversations, nous prenons la ligne 4 dans le mauvais sens. Tant pis, nous faisons demitour. Dans le métro, nous sommes assises côte à côte, et je ne cesse de dire à Kira combien je suis heureuse de la retrouver. Elle est là, en chair et en os, prête à partager de nouveau mon quotidien. De là, nous commençons à parler de Jordan. Nous étions avant tout un trio. Le souci, c'est que nous n'avons plus aucun moyen de le joindre. Il a changé de numéro de téléphone et ne vit plus à la même adresse. Bref, nous ne reverrons pas Jordan de sitôt. Nous sortons du métro, prenons les escaliers vers la sortie et tandis que je répétais inlassablement que Jordan me manquait et que tout ça était trop dommage, Kira s'est stoppée nette dans les marches de l'escalier, à deux doigts du malaise, blanche comme un ticket de métro et a murmuré, la bouche sèche : « Il y a Jordan, là ! C'est Jordan. » Je me retourne et je le vois descendre pour aller vers le métro ! Jordan, notre Jordan ! Incroyable ! Impossible ! C'était bien lui ! On n'en revenait pas ! Je me revois encore dire : il ne manque que Jordan et bim le voilà ! J'ai cru que j'allais moi aussi m'évanouir. Nous avons crié son prénom, nous sommes tombés dans les bras les uns des autres, on était tous les trois choqués et nous avons passé toute la journée ensemble, ce fut inoubliable. Tout ça pour dire que, comme les enfants perdus du village de Peter Pan, il m'a suffi de penser très fort à Jordan et de vibrer autour de lui, de nos souvenirs, et sans le vouloir, nous avons pris dix minutes de retard en nous trompant de sens du métro. Cette erreur nous a permis de rencontrer Jordan, de l'avoir sous nos yeux, dans la même station, à la même heure, au même moment dans les escaliers. Fascinant ! Mais pensez-vous réellement que cela puisse être un hasard ?

C'est donc ça, la loi de l'attraction. C'est une loi qui parfois se manifeste à nos dépens, parce que nous pensons très fort à quelqu'un ou à quelque chose, parce que nous sommes certains que les choses vont se passer comme ça et pas autrement. Nous attirons ce que nous pensons, bon ou mauvais, soyez en sûr. Pour pouvoir maîtriser cela, vous devez savoir que la loi de l'attraction peut se maîtriser et, c'est avant tout un mode de vie, car au-delà de ces petits détails, de ces manifestations instantanées en lien avec nos pensées les plus spontanées, la loi de l'attraction peut nous permettre de viser plus loin et plus grand quand nous la pratiquons de toutes nos forces et quand nous choisissons d'orienter nos pensées vers un avenir reluisant ! Si on rêve de devenir chanteur, on ne va pas le devenir en cinq minutes, ce n'est pas aussi immédiat que d'obtenir la fève dans la galette, ou croiser Jordan, mais ça viendra. C'est tout le principe. Ça vient dès lors que vous y pensez et que vous y croyez et que vous nourrissez ce rêve. Il n'y a qu'à voir : certains destins sont dingues ! Vous voyez le joueur de foot Mario Balotelli ? Il a été abandonné puis élevé depuis l'âge de 2 ans par une famille italienne. Il a accompli une grande carrière qui n'a pas été facile. Entre le manque d'amour qu'il a pu ressentir, la différence d'origine avec sa famille d'accueil, les remarques racistes à l'école ainsi que

« *Tout est énergie.* »

“

La vie est comme
une montagne
à gravir.
Difficile, semée
d'embûches, mais
la vue en vaut la peine.

”

sur le terrain lors des matchs, s'il s'était dit : « On m'a abandonné, personne ne veut de moi, on ne m'aime pas, je suis un bon à rien », aurait-il réussi comme ça ? Il a cru en ses rêves. Tout est énergie.

Des parcours comme celui de Mario Balotelli, il y en a plein. Il suffit de regarder autour de nous, combien de gens sont partis de rien et ont réussi aujourd'hui l'inimaginable, l'impossible ? Parce qu'il fallait bien qu'il y ait un début et parce qu'ils ont voulu y croire. Ils se sont accrochés à leurs rêves, se sont donné les moyens et l'Univers leur a répondu favorablement.

CHANGEZ DE VOCABULAIRE : PARLEZ POSITIVEMENT !

Notre vie est le résultat de nos pensées, vous l'avez compris. Alors pour commencer, je vous propose de « rééduquer » vos pensées et d'adopter de nouveaux réflexes. Ces nouveaux réflexes sont à la base de la loi de l'attraction. Il s'agit tout simplement d'apprendre à contrecarrer votre cerveau dès qu'il pense en négatif, car au quotidien, toutes nos pensées sont entendues par l'Univers, que vous le vouliez ou non. Vous vous rendez compte ? Des milliers de pensées nous traversent chaque jour, et parmi elles, il y a forcément des pensées négatives, des pensées que l'Univers attrape. Alors, avant d'entrer dans les rouages de la loi de l'attraction, que je vais vous présenter tout au long de ce livre, parlons donc de nos pensées négatives et de l'urgence que nous avons à les transformer en pensées positives. J'insiste : c'est très important !

> « *L'important, c'est de penser positif.* »

Vous êtes d'accord avec moi : la plupart des gens ont tendance à se focaliser sur ce qu'ils ne veulent pas, donc ils attirent dans leur vie tout ce qu'ils ne souhaitent pas. Les gens ont peur de la maladie, des dettes, de la tromperie, de la trahison ou d'être blessés, par exemple. En prononçant tous ces mots, on n'est jamais très à l'aise… et en plus, l'Univers les entend. L'Univers n'entend que ça. Parce qu'il ne connaît pas la négation. Quand on dit « J'espère ne pas être en retard », l'Univers entend « retard ». Et même si on ne veut pas être en retard (notre souhait est clair !), notre ressenti entier se tourne vers « être en retard ». C'est « le retard » qui vibre pour l'Univers, et non pas arriver à l'heure! Parce que vous en conviendrez: si je vous dis de ne surtout pas penser à un panda qui a des grosses taches noires autour des yeux, vous pensez automatiquement à ce panda. Pour vos pensées, c'est pareil, l'Univers entend même ce que vous ne voulez pas. Vous voyez? Alors l'important, c'est bien de penser positif. On dit plutôt « Je veux arriver à l'heure » ou « Je souhaite rencontrer un homme gentil, fidèle, reconnaissant », et non « Je ne veux plus d'un homme infidèle, manipulateur ». Dans ces phrases, l'énergie n'est pas du tout la même. Elle est positive. Vous comprenez comme les mots ont leur importance? Comme ils peuvent tout changer, vraiment? Si vous dites « J'espère que je ne vais pas casser cet œuf », le mot « casser » est capté par l'Univers. L'œuf va se casser! Dites plutôt: « Je vais prendre soin de cet œuf! » Et votre œuf se portera à merveille, comme vous.

Si vous dites « Je ne veux plus fumer », c'est un anti-objectif. Il faut dire « Je veux être en bonne santé ». De la même façon, on ne dit pas « Je suis ronde et je ne veux plus être ronde » mais « J'aimerais adopter une meilleure hygiène de vie, j'aimerais mieux m'alimenter, je veux me réconcilier avec mon corps ».

Vous allez me dire : c'est dur de sortir de ses pensées négatives ! Elles sont naturelles. Elles reviennent tout le temps ! Mais c'est à nous de les contrer. Ce qui veut dire que les pensées négatives continueront toujours de venir à nous, mais que nous pouvons les stopper et remettre notre cerveau dans le droit chemin, le chemin du positif. Pour emprunter ce nouveau chemin neuronal, il faut donc s'entraîner et retirer les mots négatifs de son vocabulaire en les remplaçant par des mots positifs. Sinon, vous vous polluez l'esprit et l'Univers agit négativement. Chaque fois que vous avez une pensée négative qui vient, reprenez le dessus ! Corrigez-vous ! Changez de vibrations ! Personne ne le fera pour vous. Alors faites-le pour vous. Au quotidien, c'est un réflexe à prendre pour toujours rester branché sur une fréquence positive. Faites-le pendant vingt-et-un jours sans répit, car c'est le temps qu'il faut au cerveau pour se reprogrammer, même si les études se contredisent à ce propos. Ce sont la répétition et la régularité qui nous construisent. La preuve avec la méthode Coué, que vous connaissez peut-être ? Créée et développée par Émile Coué, notamment dans son livre *La maîtrise de soi-même par l'autosuggestion consciente* publié en 1922, elle se base sur l'autosuggestion, c'est-à-dire le fait de se répéter des phrases positives pour atteindre son inconscient et attirer à soi le positif. Sa célèbre phrase, à répéter vingt fois par jour si possible à haute voix, est : « Chaque jour, à tout point de vue, je vais de mieux en mieux. » Simple et efficace (et positif).

> **“Chaque fois que vous avez une pensée négative qui vient, reprenez le dessus ! Corrigez-vous ! Changez de vibrations !”**

Liste des pensées

Je vous donne des exemples de pensées négatives transformées en pensées positives. À vous de compléter en inscrivant les phrases négatives que vous avez tendance à penser ou prononcer.

J'espère que je ne vais pas être en retard : Je vais être à l'heure ou je vais tout faire pour être à l'heure.

J'ai peur de me faire virer : Je vais garder mon poste.

Je n'arrive à rien, je suis nul : Je progresse chaque jour !

....

....

....

....

....

....

....

....

CRÉEZ UNE PENSÉE POSITIVE POUR VOUS REMETTRE EN MARCHE !

Peter Pan a encore quelque chose à nous enseigner : quand il ne parvient pas à voler, la fée clochette lui demande de se souvenir de *sa* pensée positive. Sans *sa* pensée positive, il ne peut pas voler.

Sa pensée positive à lui, c'est le baiser qu'il a échangé un jour avec Wendy. Il a choisi ce souvenir pour lui permettre de voler à chaque fois qu'il en aurait besoin.

Trouvez votre pensée positive

Au quotidien, en plus de transformer vos pensées négatives en pensées positives, vous pouvez vous appuyer sur une pensée positive qui n'appartient qu'à vous, pour vous aider quand vous pensez trop négativement, pour vous remettre sur la bonne fréquence. Comme un doudou dont nous avons besoin pour bien dormir ! C'est une pensée positive qui ne doit pas être une pensée triste. Elle peut être nostalgique, admettons, car certaines pensées nostalgiques nous mettent du baume au cœur, c'est vrai. En tout cas, c'est propre à chacun. Moi, dès que j'ai un coup de blues, j'utilise ma pensée positive pour nettoyer le négatif, comme pour reprogrammer mon cerveau. Alors, bien sûr, je ne vole pas comme Peter Pan, mais il se peut qu'un jour je passe une mauvaise journée ou que j'apprenne une triste nouvelle, et grâce à cette pensée positive, j'arrive à me remettre à penser positivement. Pour convoquer votre pensée positive, commencez par vous poser. Se poser, ça ne veut pas forcément dire se mettre au lit ou dans son hamac. Il s'agit plutôt de poser son esprit un instant et de convoquer cette pensée positive. Vous pouvez le faire dans le métro, le taxi, l'avion. À force de vous entraîner, vous y arriverez de mieux en mieux. Vous n'avez pas forcément besoin d'être chez vous, même si vous pouvez le faire chez vous dans une pièce que vous appréciez, dans laquelle vous vous sentez bien. Mais à la longue, on découvre qu'on peut le faire n'importe où dans le monde car l'important est de savoir s'en servir quand nous en avons besoin et à force de vous entraîner, vous y arriverez de mieux en mieux. Ça se passe dans la tête. L'objectif est de se remettre sur cette lignée, sur la bonne fréquence. C'est comme une station de radio : la bonne fréquence est la pensée positive. Quand vous avez un coup de mou, imaginez donc une station de radio. Votre coup de mou vous branche sur la mauvaise fréquence et pour retrouver la bonne fréquence, pour être en harmonie avec les bonnes énergies, vous devez appeler votre pensée positive. À vous de la définir : est-ce que c'est le souvenir de ce jour où vous avez plongé d'un bateau ? Un souvenir tendre ou drôle de votre enfance, votre remise de diplôme, le baiser de quelqu'un, le jour où vous êtes devenu parent, ou encore le souvenir d'un câlin, du soleil en juillet ? Le souvenir d'une bonne nouvelle ? Cette pensée doit vous faire du bien. Vous pouvez aussi écouter de la musique, si vous avez associé cette musique à une pensée positive.

La pensée positive est un outil à notre disposition pour rebondir, éloigner les coups de mou et se remettre sur la bonne fréquence. Si, par exemple, vous loupez votre avion et que cela vous met dans tous vos états, il vous faut cinq minutes pour vous calmer, pour reprendre vos esprits. Pour y parvenir, et pour que ce tracas ne tourne pas en boucle dans votre tête et ne gâche pas vos vacances, vous allez vous concentrer sur votre pensée positive, celle que vous avez définie – un souvenir qui vous fait du bien. Une fois la bonne fréquence alignée, vous êtes plus détendu. Vous dégagez une énergie positive et vous aurez plus de chance de trouver une solution pour prendre un nouvel envol.

La pratique de la loi de l'attraction demande d'être sur une bonne fréquence et dans un état d'esprit positif, pour que l'Univers vous le rende bien et saisisse ensuite toutes vos demandes ! Alors listez vos pensées positives, celles dont vous allez pouvoir vous servir au quotidien pour rebondir.

« Convoquez votre pensée positive pour vous redonner de l'énergie. »

Vos pensées positives

Exemples :

- *Le concert de Céline Dion avec ma meilleure amie.*
- *Ce voyage à Venise.*
- *Ce baiser sur le pont Alexandre III.*
- *Ce fou rire avec mes copines.*
- *Mon lit douillet.*
- *Les mots d'une amie, quand elle m'a dit que j'étais douée et épatante…*
- *Quand j'ai appris que j'allais devenir papa.*
- ……………………………………………………………
- ……………………………………………………………
- ……………………………………………………………
- ……………………………………………………………
- ……………………………………………………………
- ……………………………………………………………
- ……………………………………………………………
- ……………………………………………………………

PENSEZ À VOUS

J'aime l'expression : « Vis chaque jour comme si c'était le dernier. » Imaginez un peu, si l'on vous annonçait que c'était votre dernière semaine sur Terre ? Que feriez-vous ? Vous lâcheriez prise sur toutes ces choses futiles que vous faites mécaniquement et ces disputes inutiles ? Vous vous réconcilieriez avec un proche ? Passeriez-vous plus de temps avec vos enfants ? Iriez-vous là où vous avez toujours rêvé d'aller depuis cinquante ans ? Plaqueriez-vous votre boulot en disant à votre horrible patron ce que vous avez sur le cœur ?

Vivre comme si vous alliez mourir demain est un peu extrême car vous risqueriez de tout perdre, c'est vrai ! Mais il est important de se rappeler que rien n'est éternel, au même titre que les tâches difficiles que vous vous infligez.

Apprenez à lâcher prise et à vous concentrer sur l'essentiel. Qu'est-ce qui vous fait sourire ? Inutile de penser « un million d'euros ». Visez des choses que vous possédez déjà. Qu'est-ce qui vous fait du bien ? Manger une glace ? Appeler une personne qui vous réconforte ? Relire les notes secrètes que vous avez écrites sur un être aimé ? Passer du temps avec quelqu'un qui vous fait du bien ? Écouter une musique qui vous rappelle une période heureuse ? Caresser votre chien ? Lire mon livre ? (Rires.)

Accordez-vous cinq minutes par jour qui vous font du bien et qui vont vous permettre de vous reconnecter à la bonne fréquence, la bonne voix. Celle qui vous fait vous sentir mieux. N'attendez pas qu'il soit trop tard pour faire ce que vous aimez.

CHAPITRE 2

PARFOIS, LES RÊVES SE DISSIPENT : COMMENT LES RETROUVER ET Y CROIRE

« Les rêves sont toujours des départs. »

Jacqueline Mabit

J'ai découvert la loi de l'attraction lorsque je vivais aux États-Unis. J'y suis allée pour la première fois à l'âge de 21 ans. À l'aube de ce départ qui a changé ma vie, mes rêves étaient entre parenthèses. J'étais à Paris et prise dans un engrenage métro-boulot-dodo qui me déconnectait du monde des possibles et de mes envies les plus secrètes. Autant dire que Céline Dion était loin derrière ! L'enfant que j'étais aussi. Avec l'âge, les obligations et les contraintes nous rattrapent et nous forcent à regarder la réalité en face : comment je peux changer de voie alors que je suis esthéticienne et que je n'ai quasiment

« Je voyais bien que j'étais face à un mur. Je ne savais pas chanter, pas jouer la comédie, même pas jouer au Scrabble®. »

pas de diplôme ? Et puis, au-delà de ça, je voyais bien que j'étais face à un mur. Je ne savais pas chanter, pas jouer la comédie, même pas jouer au Scrabble®. Même si tout ça, ça s'apprend, même si par la force des choses, il n'est pas impossible (du tout) de partir de rien et de progresser, ce manque de talent, de contact, de moyens me déprimait davantage.

Clairement, je ne rêvais plus. Quand on doit payer ses factures et bosser comme une dingue, on ne prend plus le temps de s'allonger sur son lit et de laisser ses pensées divaguer. Je ne prenais même plus le temps de visualiser mon futur, et quand bien même cela m'arrivait, une pensée négative s'incrustait, comme une voix intérieure qui vous décourage et vous dit que vous êtes ridicule. Elle me répétait que je ne vivrais jamais la vie de mes rêves. C'était peut-être pour me protéger, tout ça. Ça partait sans doute d'une très bonne intention, de rester lucide pour mieux accepter la triste réalité. C'est même atrocement logique : pourquoi se faire du mal à rêver d'une vie de star alors que demain on doit se lever pour aller épiler des clientes ?

Alors tant pis, je mettais tout ça de côté. J'étouffais mais je faisais avec. Avec mes 19 ans, mon CAP esthétique et un salaire de 600 euros par mois. J'avais envie d'évoluer, de me barrer, de partir en vacances, de changer de vie, mais comment ? Avec cette somme, je ne pouvais même pas me payer les dernières baskets à la mode… Alors me payer un billet d'avion pour Miami ? J'ai commencé à m'en vouloir, à culpabiliser. Ce n'est vraiment pas la vie que je m'étais imaginée. J'aurais dû travailler à l'école, j'ai regretté toutes ces fois où j'ai séché les cours, ces après-midis à traîner sur l'ordinateur au lieu d'étudier, je méritais sûrement ce qui m'arrivait. J'avais des capacités, alors pourquoi ai-je préféré passer des heures au téléphone avec un garçon qui ne faisait même plus partie de ma vie aujourd'hui ? Pourquoi ai-je perdu mon temps, ou du moins dédié mon énergie à des choses peut-être trop futiles, pas importantes, pas essentielles ? Quand on commence à avoir des regrets, ce n'est jamais bon. Quand on commence à se comparer non plus. Le bon côté est que je voyais mon petit frère et ma petite sœur qui excellaient à l'école. J'étais fière d'eux et les soutenais car je ne voulais surtout pas qu'ils finissent comme moi.

“

La frustration peut nous réveiller, comme une bonne douche d'eau glacée.

”

La nuit, je réfléchissais à tout ça, et je ressassais. J'essayais bien de m'accrocher à mes projections mais je peinais toujours à les retenir.

Finalement, ma seule idée pour m'en sortir, c'était de réussir dans ce que je faisais, d'espérer une promotion. Seulement, j'en connaissais des esthéticiennes, et niveau évolution, ce n'était pas ça…

Le temps passait mais il ne se passait rien. Ce que je peux vous dire, c'est que je travaillais beaucoup, que je massais beaucoup de clientes, que je vernissais des ongles de pieds, que je retirais des poils à la cire, que je taillais de beaux sourcils. Je prenais soin des autres mais je n'avais plus le temps de prendre soin de moi, quelle frustration. J'enviais aussi ma patronne. Une femme de 26 ans qui vivait confortablement (ses parents lui avaient offert cet institut), portait de magnifiques bijoux, quittait l'institut à n'importe quelle heure de la journée pour aller faire les magasins. La boutique, c'était moi qui la faisais tourner et je ne touchais que 600 euros par mois. Je trouvais ça injuste. Pourtant je n'ai jamais été de nature envieuse, elle m'inspirait plus qu'autre chose et c'est ma vie à moi qui me frustrait. Mais oui, quand même, il y avait forcément un peu d'envie, de jalousie. Alors je m'évertuais à transformer ces sentiments en motivation. La frustration peut aider. Elle peut nous réveiller, comme une bonne douche d'eau glacée, nous donner envie de nous secouer pour obtenir ce que l'on mérite, ce que l'on veut au plus profond. Mais ce n'est vraiment pas évident. S'il y a des jours où je parvenais à m'appuyer sur ma frustration pour prendre de l'élan, le lendemain, je replongeais, désespérée car cela ne changeait absolument pas mon salaire. Tout ceci me paraissait vain.

Et puis, un matin, une cliente me dit qu'elle me trouve très belle et me demande si je danse. J'ai envie de lui dire que oui, je danse devant mon miroir dans ma chambre, mais je réponds non. Elle, c'est une vraie danseuse et elle travaille la nuit. Entre les lignes, au fur et à mesure de la conversation, je comprends qu'elle me propose un job de gogo danseuse. Ma réponse est catégorique, ça ne m'intéresse absolument pas, je ne suis pas désespérée à ce point. Ce n'est pas ça, mon rêve. Et puis, je le reconnais : à ce moment-là, j'ai beaucoup de préjugés, je ne considère même pas cela comme de la danse ou un métier. Le monde de la nuit va à l'encontre de mes principes. À cette époque, je suis en couple et mariée avec un homme que j'ai connu à l'âge de 16 ans. Je ne me vois pas danser en bikini sur un podium et mon mari encore moins. Ça ne correspond ni à mon idéal de vie, ni à celle que je mène. C'est sans façon ! Et en plus, je n'ai été que trois fois en boîte de nuit. Je ne suis pas une fêtarde, je ne bois pas d'alcool, je bosse comme serveuse après l'institut et j'entretiens ma relation amoureuse du mieux que je peux, même si nous ne vivons toujours pas encore ensemble par manque de moyens. Nous attendons chacun de notre côté de faire des économies pour vivre ensemble. Au fil des semaines, je finis par accepter cette réalité. Mon objectif n'est plus de devenir chanteuse ou actrice ou de gagner beaucoup d'argent mais plutôt d'être une bonne épouse, gagner ce qu'il faut et fonder une famille, être quelqu'un de bien. Je laisse ainsi mes rêves de côté et cette décision me convient. C'est bien plus confortable et raisonnable de penser comme ça. C'est tant mieux. Je suis presque libérée. Je ne culpabilise même plus de ne pas avoir écouté à l'école et de ne plus visualiser mon avenir le soir, avant de m'endormir.

Seulement, c'est plus fort que moi. J'ai beau me ranger, j'ai beau larguer mes rêves d'enfant, la fameuse petite étincelle ressurgit de temps à autre. Je la reconnais facilement, parce qu'elle me parle, elle me questionne, elle s'oppose même à cette voix négative qui, elle, me somme de ne plus rêver. J'ai l'impression d'être schizophrène, constamment écartelée entre ma grande part de réalisme et mes rêves d'enfant. D'un côté, on me dit d'atterrir, d'un autre on me demande pourquoi je me laisse aller à ce quotidien pesant. La petite voix positive m'alerte. Elle m'envoie des piqûres de rappel, elle me dit : « Ce n'est pas ça que tu voulais quand tu étais petite. » C'est à la fois agréable à entendre, mais aussi désagréable. Pourquoi vient-elle me déranger alors que j'ai pris la décision de réussir ma vie de famille ? Ce rêve lui paraît-il moins noble que le précédent ? Elle m'agace. Mais même ma grande sœur me fait la réflexion, un jour : où est passée la petite fille qu'on a connue, celle qui avait de l'énergie à revendre, qui avait des rêves plein les yeux ? Où est passée celle qui squattait le grenier et avait élu cette pièce comme étant les coulisses d'un avenir radieux, pétillant, surprenant ? Pour me défendre, pour éviter de m'avouer l'inavouable et de retomber dans la culpabilité, je choisis d'assumer. Je renchéris que désormais, je me consacre à ma vie de famille, et que ça me convient très bien. En vérité, je me contente.

Je me souviens d'une discussion avec mon ex-mari, qui a été un déclencheur. Investie dans ma relation, prête à fonder la famille de nos rêves, je lui demande un beau matin où nous allons habiter « plus tard ». Je suis cohérente. Je ne deviendrai peut-être pas célèbre, alors je bosse sur ma future vie de famille. À ce moment-là, lui vit chez sa mère en banlieue et moi dans un petit studio de 12 m² dans le XIe arrondissement de Paris. Cette question, au hasard du petit déjeuner, pour savoir comment lui voit notre avenir. Quel appartement, quel quartier ? Il me parle de Trappes, dans les Yvelines, que l'on pourrait rester chez sa mère et ensuite récupérer le HLM. J'accueille difficilement sa réponse. Nous étions censés vivre ensemble et il me parle de vivre chez sa mère. Pourquoi ne pas l'avoir fait dès le début dans ce cas ? Mais histoire de ne pas casser l'ambiance, je vise le court terme : et nos vacances ? Est-ce qu'on va partir quelque part ? Et si on allait à Miami ? Je ne lâche rien avec Miami, même si je sais que mon compte en banque ne s'est pas reproduit dans la nuit mais j'économise petit à petit. Mon mari rétorque qu'il n'a pas envie d'aller en vacances et encore moins à Miami, que c'est ridicule comme destination. Il se moque de moi et me dit que je vis dans un film. Il brise mes désirs. Même si je salue son sérieux, son rationalisme, son côté terre à terre qui compense mon côté « ciel à ciel » en mal d'étoiles, j'ai envie d'entendre autre chose. J'ai envie de retourner les poches de nos pantalons à la recherche d'une pièce, j'ai envie de rassembler les pièces et de les compter, d'essayer quelque chose ! De toute évidence, j'aurais préféré entendre un « oui », un « On va tout faire pour s'offrir une super vie » ou « ma chérie je ferai tout pour nous emmener là-bas ». Mais au lieu de ça, il n'a rien dit. Il avait six ans de plus que moi et c'est ce que j'attendais quand il est venu me chercher dans ma campagne. Un homme qui me fasse rêver, ou qui me motive à créer un empire à deux.

Malgré nos différentes façons de penser, j'ai tout fait pour soigner ma relation, pour bichonner mon histoire d'amour, mais la petite voix revenait souvent me demander pourquoi je faisais tout ça. Car par amour, je ne vivais pas. Tout cela a fini par créer une distance entre mon mari et moi. Nos envies sont devenues trop différentes pour fusionner. Nous avons commencé à nous éloigner. Entre-temps, la cliente revient à l'institut… et à la charge. Elle me parle toujours du monde de la nuit que je ne connais pas. Elle insiste : « Juste une heure ou deux, juste pour voir », mais ma réponse est toujours la même, c'est non. J'ai 19-20 ans mais je me souviens de ce jour d'avril où j'accepte un nouveau travail de serveuse de nuit, car je suis soit à l'institut soit à l'école la journée. Je finis à 19 h, j'arrive sur place à 20 h (le trajet me prend une heure) et à 21 h les tables sont prêtes. Je suis la seule barmaid pour trois cents couverts, je dois quitter le bar et aider les serveurs s'ils sont trop en retard. J'ai l'impression de devoir faire cinquante choses à la fois. Nous sommes clairement en sous-effectif mais j'ai besoin d'argent. Et les cocktails ne se résument pas à un whisky-Coca®. Non, je dois faire de vrais cocktails : mojito, caïpirinha, découper des citrons, piler la glace et bien sûr sourire en toutes circonstances. Je suis censée finir à 1 h, mais on a encore besoin de moi pour débarrasser et même nettoyer les verres. Je finis à 2 h 30 chaque soir et je m'écroule dans mon lit à 3 h 45. Je fais ça pendant deux mois et même aujourd'hui je ne sais pas comment j'ai pu tenir. Pour ne pas m'endormir au travail, je décide de ne plus aller à l'école, le mercredi sera mon jour de repos, j'intercepte les lettres de l'école pour ne pas me faire griller, je suis épuisée. Jusqu'au jour où Lara, la danseuse, est revenue à l'institut et m'a dit que j'avais l'air fatiguée. Je lui explique donc ma situation. Elle me dit alors que si j'accepte de venir un soir par semaine avec elle, je serais payée 100 à 200 euros. Un soir uniquement et je gagnerais ce que je gagne ici en un mois ! À contrecœur, fatiguée et ne pouvant plus assumer ce rythme, j'accepte sa proposition.

“

Vos pensées négatives
vous ralentissent,
et les pensées positives
vous propulsent.

”

GARDEZ VOS RÊVES DANS UN COIN DE LA TÊTE !

Si, à un moment donné dans ma vie, j'ai arrêté de rêver, c'est parce que je pensais que j'étais dans le faux et que je me faisais souffrir bêtement en imaginant une vie que je ne vivrais peut-être jamais. À ce moment-là, on croit se protéger, on ne veut pas se bercer d'illusions… Or on se piège soi-même ! On est désespéré, on ne croit plus en rien, notre quotidien s'éteint, on plonge dans la routine. Notre énergie est donc terriblement négative, on ne prend plus le temps de rêver (le célèbre « À quoi bon ? »), et l'Univers nous renvoie sans cesse du négatif. C'est normal, c'est ce qu'il capte de nous, ne l'oubliez pas !

Pour bien comprendre, imaginez que lorsqu'on arrête de rêver, on coupe ou bien on détériore sa connexion avec l'Univers. C'est terrible. L'Univers est comme une sorte de Père Noël (si ce n'est qu'il ne travaille pas seulement en décembre) : si vous ne lui passez pas commande, il ne vous enverra rien, vous ne trouverez rien au pied du sapin. Et s'il vous relance, et que vous lui répondez « Cause toujours tu n'existes pas », il vous laissera dans votre pétrin.

Sauf que bien sûr, nous n'avons pas tous la « formule », c'est-à-dire que nous ne savons pas forcément que notre pensée influe sur notre quotidien et sur notre futur, sinon on prendrait soin d'écrire une magnifique lettre au Père Noël, comme lorsqu'on était gamin et que les limites n'existaient pas. Moi la première, je ne le savais pas. Enfermée à l'institut, fatiguée par ce quotidien qui ne me convenait pas, je ne mesurais pas combien mes pensées négatives et ma lassitude me cloisonnaient dans cet engrenage. Si j'avais su, si j'avais compris l'importance d'y croire et d'y croire encore, de me repasser mes rêves tous les soirs et de communiquer avec l'Univers, j'aurais écrit toutes ces lettres. Mais la loi de l'attraction m'était encore inconnue, et ce que je faisais enfant n'était à mes yeux qu'un comportement de gamine qui « s'amuse » à rêver. Je vous dis tout ça parce que j'aurais aimé le savoir, mais surtout parce qu'il n'est jamais trop tard pour s'y mettre, la preuve.

Alors notez bien ceci : vos pensées négatives vous ralentissent, et les pensées positives vous propulsent. Rien de plus important, du coup, que d'éloigner les unes et de développer les autres !

Cependant, j'ai déjà remarqué que certaines personnes sont parfaitement au courant de la loi de l'attraction mais elles en rigolent. Elles ne veulent pas y croire, car elles sous-estiment son pouvoir ! Parfois même, elles la dénigrent. Combien de fois après avoir parlé de cette loi, j'ai entendu : « Tu exagères. Genre si je pense maintenant que je vais gagner un million d'euros, je vais gagner un million d'euros ? Tu sais que c'est impossible. » Alors oui, qu'il se mette à pleuvoir des billets, c'est impossible (quoique… regardez un peu dans la *Casa de Papel*) et tant que l'Univers perçoit ce ton un peu moqueur, il ne fera rien pour rendre l'impossible possible de toute façon. Mais ce qu'il faut savoir, c'est que ça ne marche pas comme ça, la loi de l'attraction. Si on attire tout ce que l'on veut, ça ne veut pas dire que ça se passe en une seconde. On ignore le temps qu'il faudra. Et il ne faut pas penser à ça au risque de se décourager. Combien de temps m'a-t-il fallu ? Si l'on m'avait dit petite « Tu vas devoir attendre 20 ans » pour que tes rêves se réalisent, je me serais enfermée dans mon grenier et j'y serais encore ! Ce qui veut dire que plus tôt on commence, plus on augmente ses chances.

J'ai conscience qu'il n'est pas facile d'y croire et j'ai conscience que beaucoup de personnes ont des soucis, de vrais soucis au quotidien. Il suffit parfois d'une mauvaise nouvelle pour tout rejeter, pour gommer ses rêves et prétendre que la loi de l'attraction ne fonctionne pas, que la vie ne fait jamais de cadeaux… En réalité, si on rejette la loi de l'attraction à chaque coup de mou et que l'on broie du noir, on ne s'en sort pas. La loi de l'attraction demande fidélité et nous enseigne que nous devons faire équipe avec la vie malgré les moments difficiles et les épreuves. Je sais que cela est plus facile à dire qu'à faire, mais ne vous laissez pas abattre et revenez plus fort. Quand on rumine, on continue d'envoyer du négatif, et donc on ne s'en sort jamais, d'où l'importance de ne pas baisser les bras et de se relever ! Je sais que beaucoup de gens ont du mal à comprendre. Mais relevez-vous ! Quand rien ne va et qu'un ciel gris nous tombe dessus, nous avons besoin de passer par ce chemin, de pleurer ou de nous isoler, et d'accepter notre tristesse, parce qu'il ne s'agit pas de nier nos émotions. Mais c'est quand on repartira sur un chemin positif que l'on invitera le positif à revenir.

Je vous invite juste à y croire… Et finalement, ça ne coûte rien, dans un premier temps, de tempérer vos pensées négatives. C'est une première étape, et tout le monde le peut. Car la loi de l'attraction est accessible à tous, sans exception, et elle vous attend ! Les gens qui réussissent et obtiennent ce qu'ils désirent ne sont pas plus intelligents, plus doués, plus combattants et surtout plus riches. Je tiens à le préciser, parce que finalement la différence entre mon ex-mari et moi, c'était le regard que nous posions sur l'argent. Nous avions bien deux visions différentes. Il y a les personnes qui disent « Je ne pourrai jamais me payer ça », et celles qui se questionnent : « Comment je pourrais me payer ça ? » C'est complètement différent. Dans un cas, on se résigne, dans l'autre, on réfléchit aux moyens, aux actions, à ce que l'on peut mettre en place pour y arriver. Je ne me rendais pas compte mais j'appartenais bien à cette deuxième catégorie de personnes. Je ne voulais pas que l'argent soit un frein, mais il n'était pas non plus mon objectif. L'argent, pour moi, était simplement un moyen d'aller plus loin, parce que ce n'est pas l'argent qui fabrique le rêve, c'est la réalisation du rêve qui amène l'argent.

Tout le monde peut pratiquer la loi de l'attraction et en récolter du bonheur. Tout dépend de ce que vous voulez réellement. Souhaitez-vous être heureux ? Dans ce cas, il est question de reprogrammer son cerveau et de s'y mettre en visualisant chaque jour la vie de ses rêves. Sans limite, aussi bien sur le plan matériel que les relations humaines que vous souhaitez connaître ! Ce n'est pas simple de reprogrammer son cerveau, ça ne se fait pas en une fraction de seconde, sinon ce livre ferait deux pages. Mais vous pouvez y arriver rapidement ! C'est un entraînement. Tous les jours y penser, tous les jours se conditionner, et accepter que, peut-être, un événement négatif va s'en mêler. Mais on réunit ses forces, on plante la graine et on l'arrose ! On ne doit pas tout lâcher. On doit continuer, malgré tout. On ne doit pas renoncer parce qu'une tempête est là. On ne doit pas faire demi-tour. Ça souffle, il pleut, et alors ? On va s'asseoir cinq minutes, respirer, se recentrer et visualiser de nouveau le point d'arrivée. Et demain, on repartira. On aura peut-être perdu quelques instants, mais ne faut-il pas mieux les perdre que passer à côté de la plus jolie version de sa vie ? Alors vraiment, dites-vous que c'est possible. Que demain, tout peut changer. Qu'après la pluie vient le beau temps, et que je vais vous donner les clés pour attirer à vous le meilleur et que ce meilleur, bientôt, viendra à vous. Ne baissez pas les bras et gardez ce livre ouvert.

LA LISTE DE VOS RÊVES

« Ils ne savaient pas que c'était impossible, alors ils l'ont fait. »

Mark Twain

Quand j'étais enfant, j'ai écrit une liste de rêves pour mon neuvième anniversaire. Elle comprenait tout ce que je souhaitais réaliser avant mes 30 ans ! Il y avait cent choses que je devais faire avant la date butoir. Je n'ai pas réussi à remettre la main dessus. Elle a dû se perdre dans mes nombreux déménagements. Mais je me souviens parfaitement de certains rêves écrits. Des années plus tard, j'ai réalisé que j'avais quasiment tout accompli de cette liste, sauf une chose.

C'est assez étrange de constater qu'on y est parvenu, mais c'est aussi très satisfaisant. C'est aussi la preuve que ça a marché pour moi et que ça marchera aussi pour vous.

Je vais d'ailleurs vous raconter l'un de ces rêves…

En Angleterre, j'ai découvert les Spice Girls et évidemment, j'étais une grande fan, comme beaucoup de filles de ma génération. Qu'est-ce que j'ai chanté et dansé sur leur tube *Wannabe* ! Là-bas, c'était quelque chose, les Spice Girls. Elles faisaient limite partie de la famille royale ! C'était un vrai culte. Et moi, j'étais amoureuse de David Beckham, en couple avec Victoria Beckham, Posh Spice de son surnom. J'avais un poster de David Beckham dans ma chambre que je matais tout le temps ! Et il était bien sûr inscrit dans ma liste de rêves en gras.

L'une de mes copines était fiancée avec un footballer du PSG, et le PSG venait de remporter le Championnat de France. Une grande soirée était donc organisée pour fêter la victoire. J'ai suivi ma copine là-bas car elle ne connaissait pas grand monde et préférait que je sois avec elle. Résultat, moi, je m'ennuie à cette soirée, même si c'est très impressionnant ! Je me décide à partir pour aller fouetter d'autres chats je ne sais où, et là… Devinez quoi ? J'entends ma copine crier mais discrètement « Milla, il y a David Beckham ! ».

J'ai tourné la tête et je l'ai vu ! J'ai été choquée, tétanisée. Je n'en revenais pas ! Quelle bombe ! Je l'ai regardé au moins pendant trente minutes avant d'aller enfin lui demander une photo. Je tremblais (rires), c'est un homme poli, souriant, gentil et patient, en plus d'être beau. Je n'ai pas regretté mes quatorze ans d'amour pour lui… J'aurais aussi voulu voir Victoria mais elle n'était pas sur ma liste. Comme quoi, franchement, quelles étaient mes chances de le croiser une fois dans ma vie ? À cette époque, je ne savais pas du tout quelle était son actualité, je ne savais même pas qu'il jouait au PSG, c'est dire ! Et quelles étaient mes chances de tomber sur lui alors que je partais ? Nous aurions pu nous louper. Mais non. Le hasard n'existe pas, il se provoque !

Sur ma liste, j'ai aussi écrit que je rêvais de faire un voyage à Hawaï, et *Les Anges 8* se sont déroulés là-bas. J'ai aussi coché la case « nager avec les dauphins » et… j'ai nagé avec les dauphins durant mon troisième voyage à Miami. C'était incroyable !

Dans ma « nouvelle » liste, je n'ai pas mis un nombre limité de rêves, je peux écrire dix comme mille choses à faire et elle ne s'arrête pas à 30 ans mais elle est pour toute la vie. J'y ai inscrit récemment que je souhaitais écrire un livre. Et les éditions Eyrolles m'ont contactée. C'est fou, non ? Je savais qu'un jour, je voudrais écrire un bouquin. Je savais aussi que c'était dur, que pour rédiger des pages et des pages avec une intention forte, il fallait être quelqu'un, avoir des choses à dire. Je ne pensais pas que ça arriverait maintenant, car je sous-estimais ce que j'avais à vous transmettre. On ne sait jamais quand les rêves prennent forme. Mais l'essentiel reste bien de les identifier et de les lister, un peu comme quand on écrit sa lettre au Père Noël. C'est une façon de faire savoir à l'Univers ce que nous attendons. Sinon, comment pourrait-il le deviner ? Si nous n'y pensons jamais, si nous ne cultivons pas le rêve, comment l'Univers entendra-t-il nos souhaits ?

« On ne sait jamais quand les rêves prennent forme. »

Je vous propose un exercice. Prenez une feuille et tracez deux colonnes. Dans la première, écrivez tout ce que vous ne voulez pas dans votre vie. Dans la seconde, écrivez la liste de vos rêves ! Par exemple, vous ne voulez pas d'une relation amoureuse toxique, notez-le à gauche. Mais vous voulez rencontrer une personne douce, charmante, aimante…, notez-le à droite. Une fois les colonnes remplies, relisez une dernière fois la colonne des choses que vous ne voulez plus et découpez votre feuille en deux pour exclure vos « non-souhaits » et jetez-les à la poubelle. Quant à l'autre liste, pleine de rêves et de souhaits positifs, relisez-la tous les jours et vous finirez par vous en imprégner. À force de la lire et de la relire, et donc de la ressentir au plus profond de vous, vous allez attirer les éléments inscrits dès à présent. Car le cerveau, en se plongeant dans cette liste, émet des vibrations positives perçues par l'Univers. C'est comme si vous remplissiez le champ magnétique autour de vous d'ondes positives. Il faut développer cette habitude. Alors n'hésitez pas à faire votre liste, ou même à en faire plusieurs. Ne vous retenez pas. Ne freinez rien ! Laissez venir tous vos rêves, petits, grands, drôles, étonnants, impossibles, possibles, qui datent de l'enfance ou d'hier… Ne réfléchissez pas à vos mots, soyez spontané ! Et un jour, je vous souhaite de relire cette liste. Vous verrez que vous aurez réalisé un maximum de vos souhaits. Vous serez agréablement surpris de cette liste, qui au premier abord ne semble être qu'un jeu. Alors qu'attendez-vous pour la commencer ?

Quelques exemples de rêves qui figuraient sur ma liste à 9 ans et qui se sont réalisés

- *Nager avec les dauphins*
- *Aller à Hawaï*
- *Avoir un chien rien qu'à moi*
- *Voir une étoile filante*
- *Avoir des cheveux blonds au moins une fois*
- *Acheter une maison dans le Sud*
- *Avoir des cheveux roses*
- *Me marier*
- *Devenir célèbre*
- *Voir Céline Dion en concert*
- *Retourner un jour à Pignans*
- *Garder Shoraya comme meilleure amie pour la vie*
- *Aller à New York comme Mathilda dans* Léon, *le film de Luc Besson*
- *Manger de la* jelly *et des brocolis au moins une fois*
- *Boire une bière sans le dire à maman*
- *Embrasser un garçon au cinéma quand je serai grande*
- *Faire du kung fu*

- *Avoir toujours mes deux parents et mes frères et sœurs*
- *Voir Leonardo Di Caprio*
- *Faire la chorégraphie de* Dirty Dancing *avec un garçon que j'aime*

Votre liste :

- ……………………………………………………
- ……………………………………………………
- ……………………………………………………
- ……………………………………………………
- ……………………………………………………
- ……………………………………………………
- ……………………………………………………
- ……………………………………………………
- ……………………………………………………
- ……………………………………………………
- ……………………………………………………
- ……………………………………………………

NE VOUS AUTO-CONDAMNEZ PAS

Parfois, on a envie de se moquer de soi-même. On trouve nos rêves ridicules. On se dit que c'est impossible ! Risible ! Naïf ! Mais si vous vous dites «Je n'y arriverai jamais », vous vous auto-condamnez. Si vous vous dites « Cette bombe atomique sur les réseaux sociaux ne répondra jamais à mon message privé », idem. Vous écrasez les chances d'obtenir ce que vous voulez.

Alors si vous voulez gagner de l'argent, par exemple, ne commencez pas par vous dire « Impossible, je n'ai pas un rond », auquel cas vous n'y arriverez pas. C'est de l'auto-condamnation. Du sabotage. Un conseil : vous pouvez demander dix millions d'euros, mais commencez par des choses raisonnables mais qui vous font rêver, que l'Univers pourra réaliser rapidement. Cela vous rassurera et vous encouragera à continuer. Faire du « petit », ça aide à voir plus grand ensuite ! Comme écrit plus haut, si vous commencez par demander 1 000 euros, et bien peut-être que vous allez gagner prochainement un bon cadeau, ou gagner cette somme à un jeu de hasard.

Vous pouvez tout mettre dans cette liste ! Simplement, il faut avoir à l'esprit que cela peut prendre une minute comme des années à se concrétiser, mais essayez de ne pas penser au temps que cela mettra. Ce n'est pas parce que c'est long que ça ne marchera pas. Il faut garder la force d'y croire, et continuer d'y mettre de l'énergie. Je crois que la récompense est aussi grande que le sont nos croyances et l'énergie que vous y mettrez. Si l'on y croit peu, on obtient peu, si l'on y croit beaucoup, on obtient beaucoup.

VOUS LE MÉRITEZ : FAITES-VOUS CONFIANCE

Il faut croire en ses convictions. Penser que c'est impossible, c'est se tirer une balle dans le pied. Si vous n'êtes pas convaincu, vous ne pourrez pas convaincre l'Univers. C'est aussi simple que ça. Soyez convaincu vous-même. Vous avez les capacités pour y arriver. Alors pensez à vos objectifs, tous ceux qui habitent votre esprit, et dites-vous que c'est comme ça et pas autrement ! Que vous allez atteindre ces objectifs. Que vous le méritez parce que vous n'avez pas d'autre choix. Que vous ne pouvez pas obtenir moins ! Nous avons tous du potentiel, votre potentiel est là. La seule chose, c'est qu'il faut apprendre à l'exploiter. Dites-vous que vous avez les moyens. Que les solutions sont là, en vous, dans vos pensées.

LE POUVOIR DU « OUI » !

Je trouve que l'on passe beaucoup de temps à apprendre à dire « Non ». C'est un grand sujet ! On aimerait tous savoir dire non et s'affirmer. Mais parfois, on est trop gentils… On se laisse faire, on veut faire plaisir aux autres… Parce qu'on veut être aimés, c'est humain. Mais avez-vous déjà pensé qu'il était tout aussi important, pour se sentir bien avec soi, d'apprendre à dire… « Oui » ? Pour moi, les « oui » sont pleins d'audace. Grâce au « oui » qui peut sembler insignifiant, on s'ouvre des horizons multiples, magiques. Je ne sais pas si vous connaissez le film *Yes Man* avec Jim Carrey ?

Il joue le rôle de Carl Allen, un homme qui se sent au point mort et qui n'avance pas dans sa vie. Un jour, il s'inscrit à un programme de développement personnel. Le principe est simple : il faut dire « Oui » à tout ! Et Carl Allen découvre qu'en disant « Oui » à tout, il vit des choses exceptionnelles. Parce qu'il s'ouvre ! Parce qu'il avance sur des terrains qu'il n'aurait pas connus sinon… Quand j'ai dit « Oui » à la cliente de l'institut, j'ai finalement suivi ce principe. Je me suis « jetée » dans une opportunité, sans savoir où elle me mènerait. De toute évidence, au quotidien, des situations se présentent à nous, qui sont le fruit de l'Univers. C'est l'Univers qui vient nous chercher… Il a un plan en tête. Nous pouvons donc lui dire « Oui »… et lui faire confiance. Alors, la prochaine fois que vous êtes tenté de dire « Non », par crainte d'échouer ou parce que vous ne pensez pas le mériter, réfléchissez-y à deux fois. Et si c'était un oui, un grand oui, un chemin à suivre ?

« Grâce au « oui », petit mot de rien du tout, on s'ouvre des horizons multiples, magiques. »

CHAPITRE 3

LES CHEMINS DE TRAVERSE

« Peu importe si le début paraît petit. »
Henry David Thoreau

C'est le besoin d'argent qui m'a d'abord poussée à dire « Oui » à la cliente de l'institut et à accepter une première mission à ses côtés, et non pas un besoin de revanche ou de contradiction envers mon ex-mari. J'avais surtout envie que les choses changent. Une partie de moi me tiraillait sans arrêt en me demandant où étaient passés mes rêves, me laissait entendre que quelque chose ne collait pas. En disant « oui » à sa proposition, j'espérais un changement, une vie plus confortable mais je n'avais aucune idée de tout ce que ça allait engendrer ! La première fois que j'ai travaillé avec Lara, c'était pour une soirée, l'inauguration d'un restaurant. On devait juste jouer les hôtesses. Enfin « juste »… J'étais complètement stressée, je n'avais jamais fait ça. J'avais une robe très échancrée et j'avais peur que l'on me reconnaisse, et puis surtout, je ne me sentais pas à ma place ! Je portais une robe que Lara m'avait prêtée, la consigne étant simplement d'être jolie et souriante mais il fallait aussi être sexy. Mais quand tu te retrouves au milieu de dix filles, qui ont dix ans de plus, super bien gaulées, tu perds toute confiance. Ma robe était très courte et hyper décolletée mais il n'y avait pas grand-chose à voir à ce moment-là. J'étais l'intruse de la soirée. Pas moche pourtant, mais rien à voir avec les autres ! En parallèle, j'ai essayé de me rassurer comme je pouvais, en me répétant que j'étais aussi serveuse le soir après l'institut, que je pourrais faire le job et accueillir les gens. Bref, la soirée se passe. Je ne suis pas comme un poisson dans l'eau mais je ne suis pas non plus en train de sauter du bocal. Je me fonds au groupe, aux directives, je souris et ça va mais je ne suis pas à l'aise dans cette tenue et devant tous ces regards.

À la fin de la soirée, Lara me tend 120 euros en espèces. Je la regarde et je n'en reviens pas. C'est mon salaire pour la soirée ? Pour moi, c'est énorme pour quatre heures de boulot seulement ! Alors que quand je me tue à l'institut, puis à la plonge et au ménage dans les restaurants où je travaille, j'empoche une misère. Du coup, quand elle me demande si je viens la semaine suivante, j'hésite mais j'accepte.

“

Ma philosophie
est celle-ci : prendre
ce qu'il y a à prendre.

”

Un truc s'enclenche, j'ai un déclic. Je calcule vite : si je fais ça une fois par semaine, ça fait 480 euros par mois, soit 1 000 euros en tout en cumulant avec mon salaire de l'institut. Ça me paraît bien pour vivre. À ce moment précis, je ne suis pas gourmande mais il me faut au moins le minimum.

Mais il y a rarement des soirées comme celle-ci alors Lara me propose d'être gogo danseuse. Danser sur un bar, en boîte, en petite tenue, moi qui n'y suis allée que rarement dans ma vie, je décide quand même d'accepter. C'est parti, me voilà donc officiellement danseuse à temps partiel. Je ne veux pas sympathiser avec les autres filles, pas traîner avec elles. J'ai toujours des *a priori*, même en travaillant avec, je ne veux pas leur ressembler. Je n'aime pas leurs tatouages, leurs seins refaits, leur teint brûlé aux UV et leurs cheveux blonds. Faut dire qu'elles ne me font pas dc cadeaux, bien au contraire, elles me détestent toutes. Mais de mon coté, je ne cherche pas à mettre un pied dans ce milieu, seulement à arrondir mes fins de mois pour moins galérer, alors je me protège et ne traîne pas après la fermeture. Ma philosophie est donc celle-ci : prendre ce qu'il y a à prendre mais seulement ce dont j'ai besoin pour vivre. Sauf que dans la vie, on est toujours gourmand et que l'argent appelle l'argent. Quitte à ne pas gagner au Loto, autant aller chercher l'argent soi-même… Alors je me fixe un rythme d'une fois par semaine, mais très vite, je commence à venir les week-ends. Soit deux soirs par semaine car ça paye un peu mieux et que maintenant les filles me connaissent et me soûlent moins. Je travaille dans des boîtes branchées comme des boîtes glauques, je n'ai pas un club fixe mais juste des réguliers. On me paie entre 120 et 150 euros la soirée, 80 dans les clubs glauques. L'argent me fait du bien, me satisfait. Un jour, en ayant marre de devoir me déplacer dans les quatre coins de Paris et sa banlieue pour danser, j'entends qu'un bar à Paris recherche une danseuse pour un travail fixe. Lorsque je débarque, je comprends qu'il s'agit d'un club de strip-tease, mais c'est classe et mieux que les kilomètres pour aller jusqu'aux boîtes glauques. Il y a peu de filles, peu de concurrence alors je décide de rester. Rapidement, je n'aime pas ce que je vois : l'alcool, la drogue… Je me fais la promesse de ne jamais y toucher. En plus des danses, je suis payée à la commission sur les verres et les bouteilles. Je prends l'habitude discrètement de vider chaque verre offert par les clients dans les pots de fleurs de l'établissement. Les filles ne sont pas tendres mais ça ne change pas des autres établissements. Tous ces hommes mariés qui fréquentent le club me dégoûtent. C'est sombre comme univers. Ma vision des hommes s'assombrit. Je ne veux même plus que mon mari me touche. Un soir, je suis même à deux doigts de me faire virer : un client drague une des danseuses ouvertement, en lui demandant de rentrer avec lui et je lui balance en pleine face : « Et ta femme, tu crois qu'elle serait fière de te voir là ? » J'ai failli perdre ma place, ça a été plus fort que moi. Le club m'a pardonnée, ils savaient que j'étais jeune et que c'était tout nouveau pour moi. C'était très compliqué et tout ça me rendait triste. Ça a heurté ma vision du monde et celle que j'avais des hommes. J'étais partagée, parce que ce monde-là ne correspondait en rien à la vie que j'attendais. Oui, je gagnais de l'argent, mais à quel prix finalement ? Avais-je eu raison ?

Entre l'institut et mon job de danseuse, une chose est sûre : je suis crevée. Le mercredi, je ne vais pas toujours à l'école, j'en profite pour me reposer, j'en ai besoin. L'école continue d'envoyer des lettres à l'institut pour prévenir mon employeur de mes absences, mais je continue de les intercepter. C'est comme ça que je sèche les cours pendant plus de six mois.

Je ne dis rien à mon mari de mes activités nocturnes le week-end. C'était inenvisageable. Il ne savait rien. Je lui disais que je bossais tard dans un restaurant. Enfin il pensait… Disons que ça n'a pas duré longtemps. Il a fini par découvrir mon secret : de l'argent en espèces que j'accumulais. Il s'est mis à fouiller dans mon linge sale car il pensait que je le trompais. En mon absence, dans mon petit studio, il est tombé sur des tenues de danseuse qui sentaient la soirée, l'alcool, le tabac. Il était si enragé qu'il a balancé mon ordinateur par la fenêtre. J'ai été obligée de tout lui avouer pour la danse car il était sûr qu'il y avait un autre homme. Quand j'y pense aujourd'hui, je me dis que ce n'était pas si terrible que ça ! Je ne l'ai pas trompé ! Mais à l'époque, évidemment, j'ai culpabilisé. Surtout que j'avais menti et que je ne mentais jamais. C'était la fin du monde. Je lui ai alors fait la promesse de tout arrêter.

Résultat, je raccroche. Le club m'appelait, je ne répondais pas. L'argent que j'avais mis de côté en six mois s'est envolé très vite mais tant pis, je ne voulais plus faire de cocktails ou de plonge. Hors de question de retourner au restaurant. Je me suis dit que le mieux à faire restait d'obtenir mon brevet professionnel. Décrocher mon diplôme me permettrait sans doute d'évoluer un minimum. Sauf que je n'avais pas été en cours depuis plus de six mois et que l'examen était deux semaines plus tard. Mais je me suis dit : je n'ai quand même pas bossé en alternance à l'institut et choisi ce cursus scolaire pour ne pas décrocher mon diplôme. Du coup, un beau matin, je me lève et je vais en cours. Les professeurs ne me reconnaissent pas. Les autres élèves me regardent de travers. Mais qu'est-ce qu'elle fait là ? Ils trouvent cela culotté. Je sens que je dérange un peu et que mon apparition est à la limite de l'indécence. Trois camarades se montrent sympathiques et une me prête ses cours, que je photocopie. Autant vous dire que c'était une encyclopédie ! En parallèle, je pose un arrêt maladie et plante l'institut. J'ai quinze jours pour réviser, quinze jours pour rattraper six mois, quinze jours pour avoir mon diplôme. Déterminée et consciente de ce délai insurmontable, je dors quatre heures par nuit. Mon studio ne ressemble à rien, c'est un bordel pas possible. Des feuilles volent partout, des cahiers traînent au sol. Je marche dessus, je marche sur des Post-it, je marche sur mes classeurs. Je donne tout. Au final, plusieurs semaines après l'examen, jolie conclusion : sur seize élèves, nous sommes trois à obtenir notre diplôme ! Enfin, jolie conclusion, je ne sais pas. Les filles de la classe me détestent, c'est certain, elles trouvent ça injuste et avec du recul, je peux les comprendre. Je crois que j'ai une aptitude à comprendre et à apprendre rapidement. En revanche, je ne suis pas un modèle à suivre et je vous déconseille de faire la même chose ! Travailler à la dernière minute provoque beaucoup trop de stress ! En plus d'être épuisant… Bref, j'avoue que c'était vraiment mal parti mais je m'en suis bien sortie. De justesse surtout… 10,1 de moyenne ! Comme quoi, si j'avais bossé mes cours régulièrement, j'aurais peut-être pu obtenir une meilleure note. Je plaisante.

Diplôme en poche, je choisis alors de faire un BTS commerce et vente pour aller plus loin, pour mêler esthétique et vente, et peut-être accéder aux plus grandes parfumeries des Champs-Élysées. J'aime cet univers, d'autant que lors de mon CAP, avant mon BP, j'ai effectué plusieurs stages chez Sephora. Les parfums et le maquillage, c'est mon truc. Mais ce que j'aime le plus, c'est la vente. Alors, je me lance, même si je ne gagnerai pas 10 000 euros par mois. Après plusieurs mois, je choisis de suivre cette voie et le bar à strip-tease est déjà loin derrière moi. Sauf que le quotidien est toujours le même : se lever tôt, se conditionner, prendre les transports et passer la journée à vouloir retrouver son lit. Se plier aux règles, aux horaires... Métro, boulot, dodo. Fatigue, rêves éteints, manque de temps pour les ranimer, voilà où j'en suis. Et puis quand je conseille les clientes, que je leur recommande un parfum ou une crème, ma pensée est toujours la même : je veux être de l'autre côté et m'acheter tous ces parfums. Je ne veux pas être la vendeuse, je vais être l'acheteuse. Finalement, ce n'est pas fait pour moi, je ne veux pas être là, ça me soûle trop.

Après mûre réflexion, je décide en cachette de retourner danser, parce qu'à mes yeux, c'était la seule alternative qui avait réussi à me sortir de mon quotidien et m'offrir un meilleur train de vie. Le jours et les semaines passent. Je grandis à vive allure, j'ai la vingtaine mais le cerveau d'une trentenaire. J'apprends des choses, je gagne en expérience, je m'ouvre au monde. Et comme je travaille désormais plusieurs fois par semaine, je gagne pas mal d'argent. Bien sûr, je ne l'assume pas auprès de mon entourage qui n'a rien à voir avec ce mode de vie, alors je mens à tout le monde pour ne pas être jugée. Je dis que je suis serveuse, et comme le club est ouvert l'après-midi, on me croit. Je ne dis rien à mon mari. Nous nous étions déjà éloignés depuis longtemps et cela n'aurait fait qu'aggraver la situation. Lorsque je l'ai connu à 16 ans, je voulais des enfants et lui n'était pas prêt. En réalité, j'étais bien trop jeune et ne connaissais rien à la vie. Aujourd'hui, c'est moi qui ne me sens plus prête à quoi que ce soit, j'ai 20 ans et je ne sais plus ce que je veux ni où je vais. J'ai le sentiment que lui et moi sommes devenus deux personnes complètement différentes et que mes rêves sont trop grands pour lui. C'est donc ici, après cinq ans d'amour et un mariage, qu'il me quitte. À cet instant précis, je suis dévastée, anéantie, je sais que c'est la meilleure décision, celle que je n'aurais jamais eu le courage de prendre, alors il l'a prise pour nous. Mais nos différences n'enlèvent pas les sentiments et l'amour que j'ai pour lui. Tous ces moments passés ensemble, ces souvenirs. C'était mon premier amour et j'ai l'impression d'avoir échoué, de n'avoir rien fait pour le garder. Si je suis autant attachée à cet homme, c'est parce qu'il représente et retrace une époque de ma vie. Je l'associe à mon adolescence et lui dire au revoir, c'est dire au revoir à la jeune fille que j'étais. J'ai peur de ce qui m'attend, de l'inconnu, malgré nos disputes et le manque de compréhension. Je souffre de cette rupture.

Ça a donc été pour moi le début d'un autre calvaire, plus financier mais psychologique. Cette peine de cœur me plonge dans une dépression. Je viens à peine d'avoir 21 ans. Je décide de quitter mon studio et Paris, je plaque également le club. Je m'en veux et rejette toute la faute sur moi et mes mauvais choix cette dernière année. Je descends dans le Sud retrouver ma mère. Les gens autour de moi me disent que la douleur guérit avec le temps mais six mois passent et je souffre toujours autant. Je n'ai goût à rien et je compte les jours et les semaines qui se sont écoulés depuis notre rupture en espérant qu'il revienne. Je suis effondrée, je reste enfermée dans ma chambre, parfois des journées entières à me remémorer le passé. Le vide que notre séparation me laisse est aussi glacial que la perte d'un être cher. Ni mes amis, ni ma famille n'arrivent à combler ce mal incurable.

Après plusieurs mois, un matin, je me réveille et décide de retourner au club. Je remonte à Paris. Je demande à bosser le soir mais aussi la journée, j'enchaîne les deux plannings, 7/7. J'ai besoin de m'occuper, de m'épuiser pour ne plus penser. Je ne pouvais plus rester dans ma chambre à pleurer. Au départ, je me dis que ce sera le temps d'aller mieux mentalement et ensuite tout quitter pour de bon.

Les filles que je rencontre au club me disent clairement qu'on se laisse prendre au truc. Au départ, on se dit que c'est pour un an seulement et puis dix ans plus tard, on est toujours là, sur son podium, à porter les mêmes chaussures, deux ou trois piqûres de botox en plus sous le regard des clients habitués. Je ne veux pas les écouter. Moi à 31 ans, encore ici ? Impossible ! À 22 ans, tout ça sera fini, je m'en fais la promesse.

Avec les filles, nos rapports se sont arrangés. Elles ont fini par m'accepter et me considèrent comme le bébé du club.

Toujours est-il que j'ai le cœur en miettes mais je m'ouvre davantage aux danseuses. Je rencontre Oriane, une franco-russe qui débarque et qui a mon âge. C'est une très belle fille et elle est très gentille. Je passe beaucoup de temps avec elle, on se moque un peu des anciennes, on se fait des après-midis en dehors du club, chose qui ne m'était jamais arrivée avant. On se promène, on fait les magasins, j'ai l'impression d'être une jeune fille de mon âge avec elle, on passe incognito dans le monde des gens normaux et on rigole quand on se dit : si les gens savaient ce qu'on fait le soir ! Dix ans plus tard, nous sommes toujours en contact et on se donne des nouvelles de temps en temps. On se rappelle l'ancien temps. Je rencontre également Morgane qui est plus âgée que moi mais paraît plus jeune physiquement. Elle a déjà un fils et des responsabilités. C'est l'une des rares qui n'est pas jalouse et partage ses plans. Je m'ouvre à ma nouvelle vie. Exactement comme en Angleterre. Il faut que j'arrête d'être aussi dure et fermée. La vie m'appelle à autre chose et je l'écoute. Je rencontre aussi Zora et Aicha au club, qui me protègent et m'apprennent beaucoup de choses. Zouzou est rigolote, elle est danseuse orientale en parallèle. C'est d'ailleurs elle qui m'emmène pour la première fois dans un cabaret oriental où elle se rend après le club. C'était glauque, j'ai détesté, mais je l'ai accompagnée régulièrement et nous avions un jeu ensemble qu'elle m'avait appris : elle me donnait un billet de 50 euros et me disait de faire comme si j'étais une cliente qui lui donnait un pourboire dans sa tenue pour inciter les autres à le faire, et vous savez quoi ? Ça marchait à tous les coups. Zouzou m'a un jour dit : « Milla, si tu veux oublier quelqu'un, tu dois partir en vacances, loin et près de la mer. » Une semaine après ces mots, Morgane me dit qu'elle va bientôt partir à l'étranger avec d'autres danseuses pour se faire plus d'argent. La solution s'appelle « Départ pour les États-Unis » et très précisément MIAMI. Elle me propose de venir avec elle et j'accepte sans hésiter ! Une partie de moi s'illumine même si la réalité continue de m'envelopper : je suis toujours en dépression et je ne pars pas aux US pour lancer ma carrière ou même profiter de vacances en couple. J'y vais pour travailler comme gogo danseuse. Mais Miami, c'est toujours mieux que le VIIe arrondissement de Paris et les pochtrons du club.

La grande aventure des États-Unis commence ici. J'ai 21 ans, nous sommes en février 2010.

On arrive, il fait 30 degrés, des palmiers partout. Tout est grand, même les menus McDo sont plus gros ! C'est encore mieux que dans les films, les bus scolaires jaunes colorent le paysage, les grosses voitures pick-up, tout est décuplé ! J'ai encore toutes ces images dans la tête, mais aussi cette réflexion qui me revient : j'aurais pu être là depuis longtemps. C'est ce que je me suis dit en atterrissant et en découvrant ce décor surréaliste, à la limite hypnotisant. Sauf que je me retrouve à bosser dans un *strip club*. Mon rêve aurait plutôt été de venir en vacances à Miami, pas de venir y danser. Je me revois coller ma tête à la grille du campus de l'université qui se trouve en face de la maison qu'on avait louée. Au travers, je vois des jeunes qui jouent sur la pelouse, discutent sur le parking, insouciants. Ils ont l'air si heureux… J'ai le même âge qu'eux et pourtant ma vie est tellement différente. Mais c'est comme ça. Je me fais à cette idée.

> **« Je sors, je bosse, je fais des rencontres, je vois tout en grand. »**

En plus, on n'est pas à Miami même, mais à Fort Lauderdale, à quelques kilomètres de Miami, et Fort Lauderdale, ce n'est pas du tout Miami.

La bonne nouvelle, malgré tout ça, c'est que les strip-teaseuses sont adulées aux États-Unis, contrairement en France. Elles sont un fantasme masculin très respecté. Et elles gagnent beaucoup d'argent. Et là-bas, tu peux clairement t'en faire. Elles ont toutes des superbes voitures et des biens immobiliers au Costa Rica et dans toute l'Amérique latine. De vraies *business women*.

Le club dans lequel nous allons travailler est immense. C'est simple, on dirait presque un stade de foot ou le Zenith. Je n'en reviens pas ! Des lumières partout, deux bars pour servir les clients et quatre podiums pour danser placés aux quatre coins du club. Ça ressemble plus à une boîte de nuit qu'à un bar de strip-tease et il est ouvert 24/24, 7/7 ! Il y a même un DJ et deux *house mums* dans les loges où se trouvent nos affaires et vestiaires. Leur travail consiste à nous dépanner, prêter du maquillage si besoin, déodorants, chewing-gum, parfums, faux cils, aiguilles de couture, tampons, etc. Tout ce qui peut être utile ou tout ce dont nous pourrions avoir besoin. Le tout posé sur une table à notre disposition. Elles nous font même des gâteaux et ont un petit stand de vêtements à vendre au cas où une danseuse oublie sa tenue. Il y a au moins soixante filles et elles sont toutes différentes. Elles ont toutes d'énormes fesses et c'est magnifique. Elles sont toutes brunes et bronzées, il y a quelques blondes mais c'est rare et peu de filles de couleurs, essentiellement des latinos. Je m'adapte donc très vite car physiquement, je rentre dans le moule. J'ai déjà un peu de fesses mais pas encore de seins. Je suis brune et mes cheveux naturels arrivent à mes hanches. Les filles là-bas ne me calculent pas, elles bossent et butinent comme des abeilles. Pas de place pour les gossips, ça rentre, ça encaisse, ça repart. La plupart sont mères de famille et ont entre 25 et 36 ans. Je suis une fois de plus la plus jeune et j'ai à peine la majorité américaine pour bosser dans cet endroit. En termes d'argent, c'est différent aussi. Je gagne entre 400 et 700 dollars chaque soir. À l'époque, le taux de change n'était pas du tout avantageux mais c'était toujours mieux qu'en France. Je dois choisir trois musiques pour mon passage sur le podium, je choisis : *S&M* de Rihanna, *Down on Me* de Jeremih, *Miss Fatty* de Million Stylez et je ne vois pas le temps passer. Je bosse, j'encaisse, je bosse et je bosse. Je vois tout en grand. La jeune fille en moi devient peu à peu une femme. Je gagne en confiance en moi, je me sens désirée. J'ai de nouveau de l'espoir. Je me sens mieux et mes rêves reviennent, ils toquent à ma porte. La certitude que je vais changer de vie n'est pas encore là, mais grâce à ce salaire, je vais peut-être pouvoir accéder à un train de vie plus confortable, me rapprocher de celui que j'ai toujours voulu. Mentalement je vais mieux, Zouzou avait raison, j'avais besoin de partir, voir la mer pour oublier, libérer mon cœur. Je n'ai aucune idée de la route, du chemin, du temps qu'il fera et qu'il faudra pour arriver à mon idéal de vie, des mains qui me seront tendues et celles que je saisirai. La vie me guidera car elle m'a guidée jusqu'ici. Du coup, je me sens mieux. Je ne me pose pas réellement de questions. L'argent rentre. Je retrouve mon énergie, mon entrain. Je visualise ma vie, tout ce que je veux avoir. Je ne le sais toujours pas, mais je pratique encore une fois la loi de l'attraction. Et ce que je ne sais pas non plus, c'est que la vie en Angleterre n'a pas toujours été facile mais que, sans elle, je ne serais pas bilingue, pas aussi à l'aise, probablement déjà décidée à embarquer dans l'avion pour rebrousser chemin direction Paris. Finalement, à Peterborough et à 9 ans, j'ai semé les graines que je récolte aujourd'hui à Fort Lauderdale. Parler anglais est un atout considérable. Ma vie commence à prendre un sens même si je ne me pose pas trop de questions. Mais malgré cet univers chaotique qui m'entoure, c'est ici que je renais de mes cendres.

ON NE QUESTIONNE PAS LA ROUTE, ON FIXE LE POINT D'ARRIVÉE

C'est fondamental : quand on pratique la loi de l'attraction, l'important est de fixer le point d'arrivée, un peu comme quand on programme un itinéraire sur Google Maps. On entre une adresse dans l'application mais on ignore le chemin que l'application va nous indiquer. Ce que je veux vous dire, c'est que la loi de l'attraction fonctionne comme un GPS : vous devez fixer votre objectif mais ne pas questionner la route qui vous y mènera. Vous ne savez pas par où vous allez passer. Personne ne le sait. Peut-être que vous allez échouer dans certains domaines, mais si vous ne perdez pas de vue vos objectifs, cela fait sans aucun doute partie du processus pour y arriver. L'Univers va décider pour vous.

Alors gardez votre point d'arrivée en tête. Si vous avez le sentiment d'être à des milliers de kilomètres de la ligne d'arrivée, cela ne veut pas dire que vous n'arriverez jamais, simplement que vous avez encore des milliers de kilomètres devant vous mais que ce voyage vous formera et vous ouvrira une porte, puis une autre et ainsi de suite. Et cela ne veut pas dire non plus que la vie ne vous proposera aucun raccourci.

En dansant la nuit, j'étais plutôt déconnectée d'une potentielle célébrité, vous en conviendrez. Mais avec du recul, ce job était bel et bien une étape, une transition, un tremplin qui m'aura beaucoup appris et servi. J'ai grandi, j'ai appris à vivre seule et à ne compter que sur moi-même. C'est en empruntant tel ou tel chemin que l'on se retrouve à faire les bonnes rencontres et les mauvaises, c'est en tombant qu'on apprend à marcher. Mais moi, j'ai appris à courir. Tous ces passages de ma vie tisseront mon futur. Pourquoi ? Parce que l'Univers entend nos rêves les plus enfouis, nous guide et nous offre ce dont nous avons besoin pour les atteindre. Je n'aurais jamais cru écrire ça, mais la danse faisait partie du plan. J'ai toujours voulu cacher cette partie de ma vie car les gens jugent et condamnent trop rapidement. Ils n'auraient jamais pu faire la distinction entre l'être humain que j'étais et le travail que je faisais, ni pourquoi j'en étais arrivée là. Il est plus facile de critiquer que de comprendre. J'ai été sans cesse jugée, pointée du doigt pour ces choix dès que les gens l'apprenaient. Que ce soit dans mes relations ou bien dans mes débuts à la télévision, une partie du public n'a pas été tendre. Et malheureusement, on m'a beaucoup salie et associée à d'horribles rumeurs, sous prétexte que j'étais strip-teaseuse. Car pour tous ces gens, danseuse signifiait mauvaise fille. J'ai donc fini par avouer dans des interviews que j'étais danseuse. Et je vais l'écrire en gras : **si je n'avais pas emprunté ce chemin, je ne serais pas là aujourd'hui. Je n'aurais jamais pu vous raconter cette histoire, mon histoire.** Et pour tous ceux ou celles qui pensent avoir fait des erreurs dans leur parcours, vous n'êtes pas les seuls et vous n'êtes pas seuls. On apprend de ses erreurs et je vous souhaite un jour d'avoir la même assurance et conviction. N'oubliez pas que si la route vous paraît désastreuse, hors-sujet, tortueuse, longue ou autre, ce n'est pas un souci, n'ayez pas peur, c'est votre route. Ne vous demandez pas « comment » ou « quand » vous allez y arriver, pensez juste à votre rêve, à votre objectif. Pensez uniquement à ce qui vous attend au bout. Car vous y arriverez.

Qu'aurait été ma vie si je n'avais pas rencontré cette cliente et si je n'avais pas dit « Oui » ? Je ne me pose pas souvent la question, mais de toute évidence, il m'arrive de penser que sans ça, sans cette cliente, peut-être que j'aurais mené une vie « plus décente », « plus carrée », « plus droite ». Peut-être mais peut-être pas. Est-ce que le métier que l'on fait définit le cœur que l'on possède ? Non. Je devais rencontrer Lara, je devais en passer par là, c'était mon destin.

“Vous devez saisir les opportunités, même minuscules, en mettant de côté votre ego.”

L'écueil dans tout ça, bien sûr, c'est que nous avons tendance à nous demander si nous sommes sur la bonne voie. On se demande si l'Univers nous a bien entendu. Je me suis déjà posée ces questions aussi. Mais j'ai compris plus tard qu'il fallait faire confiance au destin et le suivre. Ce n'est pas utile, c'est même plutôt épuisant. Comment y arriver ? Par où vais-je passer ? Stop ! Ces questions ne vous feront pas avancer plus vite. Il faut avoir confiance en l'Univers. Il nous apporte des réponses, nous fait tirer des leçons au bon moment. Chaque chose, chaque rencontre arrive pour une raison. Il balise votre chemin. Si nous sommes là, ce n'est pas un hasard. Ce n'est pas non plus un détour inutile, c'est un détour voulu par l'Univers. Dites-vous bien qu'il sait ce qu'il fait et qu'il va venir vous informer quand il le faudra. Il faut simplement rester attentif : quand il se passe quelque chose dans votre vie, demandez-vous toujours quel est son rôle, car cet événement est envoyé par l'Univers, c'est votre destin. Par exemple, parfois, vous vous séparez d'une personne en pensant que c'est la fin du monde, alors que finalement, c'est la meilleure chose qui puisse vous arriver. Autre exemple : si je loupe mon train, n'est-ce pas parce que j'ai des choses importantes à faire chez moi ? À chaque fois que ce type d'événement m'est arrivé, j'ai toujours été surprise de ce qui se passait à la place. Et parfois l'Univers souhaite uniquement que vous deveniez un peu plus ponctuel. (Rires.)

CALMEZ VOTRE EGO

« L'ego est l'anesthésiant qui allège la douleur de la stupidité. La fierté est le fardeau d'une personne stupide. Vous ne serez jamais un bon compagnon de bord, un bon ami, un bon mari, un bon patron s'il ne s'agit que de vous. Un bon supérieur ou un bon conseiller s'il ne s'agit que de vous. Jamais un bon employé s'il ne s'agit que de vous. »

Rick Rigsby

L'ego est votre pire ennemi. Le seul qui peut dominer vos émotions et vous empêcher d'avancer. Lorsque vous réaliserez que votre seul ennemi est en vous, vous commencerez à devenir la meilleure version de vous-même. L'ego empêche d'atteindre ses objectifs, car on refuse certaines rencontres ou de se rabaisser à certains emplois, sous prétexte que l'on vaut mieux. Or, l'Univers a son plan. Et s'il vous fait passer par-là, c'est que c'est la bonne route ! Certaines étapes de nos vies, même si on les estime peu glorieuses, peuvent nous aider à atteindre nos objectifs. L'ego est un frein. Il nous ralentit. J'ai appris moi-même à devoir mettre mon ego de côté dans mon travail, même encore aujourd'hui. Parfois, si je m'écoutais, j'aimerais remettre un tas de gens à leur place et envoyer tout bouler. Mais je saisis les opportunités. Vous devez saisir les vôtres, même minuscules, en mettant de côté votre ego. Acceptez tous les chemins, même quand ils vous paraissent ridicules, même quand vous pensez que vous valez mieux. Vous valez mieux, et bientôt vous pourrez exprimer tout votre talent. Mais en attendant, prenez !

OUBLIEZ CE QUE VOUS PENSIEZ SAVOIR

La loi de l'attraction, reliée à la loi des croyances, exige d'abandonner ses vieilles croyances et plus précisément de ne plus se tourner toutes les trois minutes vers son passé. Je m'explique : si, par exemple, vous cumulez les échecs amoureux, vous allez finir par vous dire que l'amour et vous, ça fait dix, et que vous ne rencontrerez jamais la personne que vous attendez ! *Idem* si on vous a dit un jour que vous n'étiez pas doué pour le crochet alors que votre rêve est de faire du crochet, car depuis ces mots, vous êtes intimement convaincu que vous n'y arriverez jamais. Nous avons tous été confrontés à ce genre de propos négatifs ou à des événements difficiles qui nous découragent ! Le problème, c'est qu'ils s'inscrivent en nous et que nous les voyons comme des vérités. Comme d'indécrottables vérités ! Résultat, quand on se met à pratiquer la loi de l'attraction, nos pensées positives ont du mal à s'imposer et à rester positives : elles sont sans cesse rattrapées par ce qu'on nous a rabâché. Par exemple, si vous souhaitez attirer l'amour – « Je suis chanceuse en amour, j'ai rencontré un beau brun, grand et barbu » – mais qu'une petite voix sonne les cloches en vous répétant que l'amour et vous, ça ne marchera jamais, vos pensées pour l'Univers se retrouvent complètement brouillées. Mauvais signal, peu de chances d'y arriver. C'est un peu comme si vos croyances tuaient la 4G, vous voilà sans connexion pour communiquer avec l'Univers.

Je vous conseille d'emblée de réfléchir à toutes ces pensées bloquantes et de les supprimer de votre esprit. Pour cela, une méthode efficace consiste à les écrire sur des petits bouts de papier avant d'aller les mettre à la poubelle. À ce moment-là, vous faites table rase. Votre cerveau entend qu'il peut se projeter vers un avenir radieux, où tout est possible, puisqu'il n'y a plus cette petite voix décourageante qui vous répète que vous ne réaliserez jamais vos rêves (oui, parce que la petite voix décourageante est au fond de la poubelle). Car après tout, qu'est-ce qu'elle en sait cette petite voix ? Elle n'en sait rien. Elle se base sur votre passé et sur quelques mauvaises expériences. Mais elle n'a aucune idée de votre avenir et du potentiel dont vous disposez pour dessiner cet avenir. Revenez donc au moment présent et regardez vers demain : demain, tout peut arriver. Ce qu'il s'est passé hier appartient au passé, pas de quoi prendre tout ça pour argent comptant !

Vous pouvez y arriver.

Ne vous basez pas sur votre passé. Ce n'est pas votre passé qui écrit votre futur. Ce sont vos pensées qui écrivent votre futur.

La liste de vos croyances limitantes

Exemples de croyances limitantes : « Je n'ai aucune culture générale » ; « Je suis trop nul en anglais pour voyager » ; « Je ne publierai jamais un livre car je ne sais pas écrire »…

- ....
- ....
- ....
- ....
- ....
- ....
- ....
- ....
- ....
- ....
- ....
- ....

L'ACTION : APPRENDRE À AGIR !

« Nous sommes ce que nous faisons à répétition.
L'excellence n'est donc pas un acte
mais une habitude. »
Aristote

Regardez autour de vous : avant que les choses ne prennent corps, avant que la télé ne soit là, avant que votre canapé ne soit là, quelqu'un y a pensé ! Un jour, une personne devait en avoir assez d'écrire des lettres pour communiquer, puis assez de téléphoner uniquement depuis chez soi, puis depuis la cabine téléphonique et le téléphone portable est né. Ces objets ont d'abord été pensés avant d'être créés. C'est la loi des correspondances. Elle nous rappelle qu'il faut d'abord penser. Puis ensuite, on agit.

« La clé est là : il faut agir. »

Mais on n'agit pas n'importe comment. Si vous voulez changer de vie, tout doit devenir une habitude, et non pas une succession d'actions isolées. Pour maigrir, par exemple, on ne fait pas du sport une fois par mois ou seulement les années bissextiles ! On se discipline. Kobe Bryant est sûrement l'un des plus beaux exemples de réussite grâce à la discipline qu'il s'est imposée. Il se levait à 3 h du matin pour s'entraîner à 4 h. Puis il se recouchait et recommençait à 6 h. Il a fait ça durant toute sa carrière. Sa routine est devenue un automatisme. Même si ses adversaires venaient à adopter la même routine que lui, l'écart était trop grand, il avait pris une avance considérable durant toutes ces années. Les autres ne pouvaient pas le rattraper. Changer de vie est une discipline. Lorsque l'on pratique la loi de l'attraction, on rééduque ses pensées et on reprogramme son cerveau pour aborder la vie autrement. Et pour cela, il nous faut mettre en place des actions, même minuscules. Les petites actions nous permettent d'avancer. La clé est là : il faut agir.

« Tout ce que l'esprit de l'homme peut concevoir,
il peut l'accomplir. »
W. Clement Stone

Aujourd'hui, on a la chance de pouvoir se débrouiller par nos propres moyens. Avec Internet, on peut se renseigner sur tout et gratuitement. On peut créer une société, un site Internet en restant dans notre chambre ! On peut trouver des cours de gym en ligne. On peut apprendre à cuisiner en regardant des tutos, participer à des ateliers d'écriture, visiter le monde entier à travers Internet ! Nous vivons à l'ère de tous les possibles. C'est la meilleure époque pour pouvoir changer de vie. J'ai l'impression qu'on ne le dit pas assez et je veux que vous le sachiez ! Que vous en preniez conscience.

Si vous entreprenez trop peu, si vous vous limitez à quelques rares actions, vous obtiendrez peu de résultats. Souvent, ce manque d'élan vient d'un manque de confiance en soi. Si vous ne croyez pas en vos capacités, vous n'allez pas agir, vous allez vous limiter. Et plus on se limite, moins on entreprend, et moins on entreprend, moins on arrive à ses fins, et moins on y croit. Le cercle est négatif. Il faut essayer des petites choses, plusieurs petites choses. Vous pouvez essayer dix petites choses, et en réussir la moitié. Vous aurez déjà gagné confiance en vous. Alors que si vous n'essayez qu'une chose et que vous échouez, vous baisserez les bras, vous perdrez espoir et vous agirez encore moins. Osez plus d'actions, c'est vous donner les moyens d'obtenir plus de résultats.

J'ai un premier conseil à vous donner. C'est une première action : commencez par faire votre lit tous les matins. Vraiment, désormais, faites votre lit tous les matins, parce que dans cette action, aussi minime et ridicule soit-elle, se loge un secret ! Quand vous faites votre lit tous les matins (et moi je fais le mien tous les matins), vous réalisez la première tâche de votre journée. Vous faites entendre à votre cerveau qu'il le peut. Vous l'actionnez. Vous vous mettez en action. Vous êtes satisfait. Et ce sentiment de satisfaction est un moteur, il vous aidera à aborder le reste de la journée dans un mode « gagnant ». Ce n'est pas parce que vous allez revenir dormir dans votre lit dans quelques heures que vous devez repousser cette tâche, car cela veut dire que vous repousserez toujours les tâches. Non, faire son lit tous les matins est un premier accomplissement, même s'il paraît anodin. Et si, au pire, vous n'avez rien réalisé d'autre dans la journée, et bien, au moins, votre lit sera fait quand vous rentrerez !

CHAPITRE

4

LE SECRET POUR Y ARRIVER

« Les gagnants trouvent des moyens,
les perdants des excuses. »
Franklin D. Roosevelt

Je reste donc trois mois à Fort Lauderdale. Après ça, le retour en France n'est pas simple. À Paris, je gagne bien moins d'argent qu'aux États-Unis. Je choisis donc d'y retourner. Je propose à ma grande sœur de venir avec moi, en vacances. Je n'ai pas très envie de partir seule, je ne trouve aucune danseuse pour m'accompagner, d'autant plus que je vais devoir relouer la maison que nous avions louée la première fois car je n'ai aucun autre contact et que je ne m'y sens pas en sécurité. Au moins, avec ma sœur, je mêle l'utile à l'agréable. Sans réfléchir, et parce qu'elle a toujours voulu connaître les États-Unis, elle accepte. Nous partons toutes les deux au mois de juin.

La journée, on reste ensemble, et le soir, moi, je vais travailler et elle reste à la maison. Je retrouve donc ce que j'ai quitté il y a quelques semaines à peine. Mais là, c'est le drame, le club est vide, c'est la pire période de l'année. Même le temps est catastrophique, c'est la mousson, la fête du moustique. Il flotte, l'ambiance n'est pas bonne, les gens sortent moins et ça se répercute sur mon porte-monnaie. Alors après deux mois et demi de galère, je décide de chercher un autre club mais cette fois-ci à Miami pour tenter ma chance et quitter le club de Fort Lauderdale. C'est à quarante-cinq minutes de route. À l'aller, ça va, mais au retour, à 4 heures du matin, ce n'est pas simple. Ça va être dur ! Mais tant pis, il faut ce qu'il faut. Je me rends donc à Miami. Le club est gigantesque, il s'appelle Gold Rush. Tous les clubs ont tendance à avoir des noms de pierre : King of Diamond, Silver, etc. Le club est super grand mais glauque, il est sale, les filles sont moches et me regardent de travers. En face, il y a un club qui s'appelle le Space et qui est très spécial aussi... C'est une sorte de boîte *after* qui passe de la musique trance où il n'y a que des gens alcoolisés qui font la queue. Sympa l'ambiance ! Le soir où je m'y rends pour la première fois, je suis embauchée, je travaille le soir même. Je commence à 22 h et c'est l'ennui total : pas un client, je ne vais même pas avoir de quoi payer mon fixe car aux États-Unis, quand vous venez travailler dans un *strip club*, vous devez payer. Incroyable mais vrai ! C'est comme un droit d'entrée. Les fixes varient selon les établissements. Celui-ci est dans les 120 dollars mais, dans d'autres clubs, cela peut monter jusqu'à 175 dollars par soir et il existe des pénalités si vous êtes en retard. C'est dans cet ennui total que je rencontre une danseuse très sympa, la seule d'ailleurs, qui me donne quelques *tips*. Elle m'explique que venir dès 22 h ne sert à rien : en général, la population débarque à 4 h du matin, quand la boîte de nuit voisine ferme ses portes. Le club est ouvert 24/24. J'écoute ses conseils et je me retrouve à bosser au petit matin. Je dors à 18 h et je mets mon réveil à 3 h du matin. Effectivement, elle avait raison, ça marche un peu mieux, je suis exténuée mais je fais ça pendant les deux semaines qu'il me reste afin d'avoir un peu de sous. Dans quinze jours, mon visa expire, retour pour la France, et je n'ai même pas amorti nos billets d'avion ni les trois mois de loyer à 5 400 dollars.

Après ça, je n'ai pas compté mes allers-retours Paris-Miami. À force de rester trois mois sur place, revenir une semaine en France et repartir, je me suis grillée et un matin, à la douane de l'aéroport, on me questionne : vous êtes sûre que vous ne travaillez pas aux États-Unis ? Vous faites quoi en France pour vous permette de rester aussi longtemps ici ? Ils me mettent directement dans une pièce à part et j'ai le cœur qui bat à mille à l'heure, je me dis « Ça y est c'est fini, je vais être expulsée ». Je suis donc dans cette pièce entourée d'étrangers où nous n'avons pas la clim. Il fait une chaleur insoutenable et interdiction de sortir son téléphone portable. En revanche, si j'avais bien appris une chose avant de venir, c'est de ne jamais prendre mes affaires de danseuses avec moi et encore moins les « plexis » qui nous servent de chaussures et qui sont très facilement identifiables. Vous devez tout acheter sur place, c'est la règle. Ils fouillent très souvent vos valises et ce fut mon cas. Vous ne devez rien laisser dans votre téléphone non plus. Après être restée quatre heures dans cette pièce à suffoquer, deux officiers m'ont interrogée. Je n'ai pas laissé le stress me gagner, j'ai simplement dit que j'allais voir des amis, et ils ont appelé mes amis ! Vous comprenez pourquoi vous ne devez rien laisser dans votre téléphone ? Bref mes amis ont bien sûr confirmé car ils étaient de mèche. Les officiers m'ont donc relâchée. En passant la porte, j'ai compris que c'était la dernière fois que je mettais les pieds aux États-Unis, ou du moins que j'allais devoir freiner le rythme.

Le 13 juin 2013, j'atterris donc à Miami, persuadée qu'il me reste trois mois à vivre là-bas en tant qu'habitante de Miami et qu'ensuite je ne reviendrai pas avant au moins un an. En réalité, c'était la dernière fois que je voyais la France. Je suis restée neuf ans aux États-Unis après ce jour-là. Je vis donc à Miami, j'ai 23 ans, je gagne bien ma vie et je rencontre deux Françaises, qui sont aujourd'hui mes deux meilleures amies, Khad et Vivi, mais aussi Sabrina. Khad a le même âge que moi et sort d'une rupture compliquée. Sab et Vivi sont plus jeunes et enchaînent des petits boulots, elles viennent de Paris aussi. Elles ne parlent pas un mot d'anglais, elles sont presque aussi limites que moi avec cette histoire de visa, sauf qu'elles, elles ont un visa étudiant, ce qui change tout. Il n'y a que Vivi qui a la chance d'avoir son père américain, ce qui lui donne droit à une certaine tranquillité. Et du coup, on se dit très vite que c'est une bonne raison pour faire connaissance et vivre ensemble. C'est donc parti pour la colocation ! La sœur de Khadija nous rejoint, on est quatre. On sort, on s'amuse, on kiffe. Je travaille certains soirs, et parfois le week-end. Mais je travaille pour gagner seulement de quoi vivre. J'ai envie de profiter de ma seconde jeunesse, je n'ai plus envie de me tuer à la tâche pour remplir un compte en banque.

Dans la foulée et dans ce décor de rêve, je rencontre un garçon, mon deuxième mari, Leo, on a le même âge et c'est le coup de foudre immédiat, une évidence et en plus nous sommes nés à quelques jours près. Après plusieurs années où je ne m'étais pas remise en couple, je tombe littéralement amoureuse de lui. C'est à la fois mon meilleur ami et mon héros. Il est d'origine cubaine et je passe les meilleures soirées de ma vie mais aussi les plus simples. À peine quatre mois qu'on se connaît et il me demande en mariage ! Incroyable ! Je deviens donc officiellement sa femme ! Mais l'amour s'est consumé aussi vite qu'il est venu. Nous nous sommes peut-être mis ensemble trop tôt, on se rend vite compte que nous nous entendons mieux en tant qu'amis malgré l'amour que nous avions l'un pour l'autre. Il me rend donc ma liberté mais nous ne cessons de nous remettre ensemble et nous quitter alors nous décidons quand même de rester mariés, le temps peut-être pour nous de grandir et de nous retrouver définitivement. En parallèle côté boulot, je vais moins au *strip club*, j'enchaîne les clips, les *hostings*, les *photoshots*, je deviens une *video vixen*, je danse beaucoup moins. Mais un soir au club je fais la rencontre de Thais, une danseuse brésilienne qui me parle de New York. Là-bas, les danseuses peuvent empocher jusqu'à 40 000 dollars par mois ! Elle m'explique qu'elle a trouvé son rythme : elle se fait de l'argent à New York pendant deux mois, puis elle vit le reste de l'année à Miami. J'aime bien l'idée, je pourrais faire comme elle et profiter le reste de l'année. Et puis à Miami, je commence à connaître de plus en plus de gens et ça devient difficile de danser sans se faire reconnaître. Et je suis loin de gagner les sommes qu'elle me décrit là-bas. J'accepte de la suivre pour faire un essai. Nous nous envolons pour New York et là, c'est une révélation ! Je suis littéralement sous le charme de cette ville. Je suis impressionnée, heureuse d'être là, c'est immense. Et bien plus beau que ce que j'avais imaginé. New

York, c'est un peu le Graal, le sommet. Dans le taxi, instantanément, je ne sais pas pourquoi, je tombe amoureuse de cette ville, je le sens, je sais que je vais y rester longtemps. Aujourd'hui, si les Anglais restent mon peuple préféré, New York est la ville que je préfère au monde. Cette ville m'a tellement donnée et j'y ai tellement appris.

Le club où Thais me propose d'aller est situé dans le meilleur quartier de Manhattan ! J'ai la pression ! Ici, les filles sont blondes, russes, belles, grandes et maigres. Elles ont de longues robes et ne sont pas en string, ressemblent toutes à des mannequins. J'ai rarement vu des filles aussi jolies dans un *strip club*. Je suis absolument l'opposé physiquement de toutes ces filles mais je tente quand même une audition. Maintenant que je suis là, je ne peux pas faire machine arrière. J'ai peur de foirer et de me retrouver à devoir bosser dans le Bronx. On est à Manhattan et ça ne plaisante pas ! À Miami, il y avait du bas de gamme, mais à New York, pas du tout, et les places sont chères.

Tellement chères que durant le casting – sur la *42nd Street* – juste avant de monter sur le podium, celle qui en descend me donne un coup de coude pendant que nous dansons. Mais vraiment, un coup de coude dans lequel elle met toute sa force. Elle me pousse. Déjà que je n'étais pas à l'aise mais là encore moins, quelle *bitch* ! Mais je prends vite ça pour un signe. Au départ, je me dis que c'est un appel à partir. Il faut que je me casse, je n'ai rien à faire là. Et puis non, je réfléchis. Si elle m'a donné un coup de coude, c'est qu'elle n'est pas sereine, elle a peur de moi, ce qui veut dire que je peux très bien être là aussi ! Je peux y arriver. C'est ça, la pirouette : interpréter les signes de la vie aussi dans le versant positif parce que la vie n'envoie pas que des mauvaises interprétations, bien au contraire, elle nous guide sur les bons chemins !

Eh bien croyez-moi ou non, mais j'ai été prise. Mais pas Thais. Choquée et dégoûtée pour elle. Thais bosse donc dans d'autres clubs, elle a des soirs par-ci par-là, mais elle galère un peu. Je m'en veux car tout ça, c'est un peu grâce à elle, et j'ai l'impression d'en profiter à sa place.

Le club possède trois autres établissements, dont un dans le quartier Little Italy et personne n'aime s'y rendre pour y bosser. Sauf que les gérants nous obligent à y aller un soir par semaine, parce qu'il faut bien faire tourner la machine. Je devais aller là-bas tous les jeudis. Je ne me faisais jamais d'argent là-bas. Un soir, je décide donc que je n'irai pas, prétextant être malade. Le lendemain, je reviens à mon club habituel, et là surprise : on m'a renvoyée à Little Italy le soir même. J'essaie d'esquiver mais j'ai vite compris que d'autres avaient déjà essayé avant moi et que ça ne serait pas possible, je devais me faire à cette idée. C'est du gagnant-gagnant : si tu veux bosser dans l'établissement le plus huppé de Manhattan, tu respectes la règle et tu tournes dans les autres clubs, même le plus désagréable. C'est comme ça que je rencontre Cardi B. Elle bosse là-bas, à Little Italy. On fait connaissance, on se respecte mais chacune travaille de son côté. Elle me fait rire dans sa manière de travailler. Elle sait ce qu'elle fait et son temps est compté.

À New York, je n'ai pas de vie sociale. Je travaille la nuit et je dors le jour. C'est bien plus tard que je reprendrai mes études. Voilà à quoi mes journées se résument. C'est dur et il commence à faire froid. L'argent coule à flot, mais j'ai mal aux pieds et ma vie se résume à ce travail et à rien d'autre. Je vois rarement le jour, je rentre vers 5 h du matin et je pars bosser vers 19 h. À part ça, il ne se passe rien, même pas cinq minutes pour rencontrer un mec. J'ai essayé avec un garçon mais ça n'a pas marché. Mon but, de toute façon, c'est de me faire de l'argent pour pouvoir vite rentrer à Miami rejoindre mes copines. Je veux cet argent pour m'offrir le confort de vie que j'espère tant, surtout que je ne suis pas déclarée et que je n'aurai pas de retraite. Des sous de côté, il en faut. On ne sait pas de quoi demain sera fait. Et puis, j'ai conscience que tout ça est éphémère, que je ne foulerai pas des podiums toute ma vie, j'aspire à autre chose. J'ai 24 ans et c'est à ce moment précis que je me suis rappelée les paroles de Kany au club à Paris. Elle m'avait dit à quel point c'est difficile d'arrêter. Une fois dedans, c'est un cercle vicieux. Mais j'ai aussi une autre volonté qui me motive chaque jour. Je veux de l'argent pour moi et puis j'en veux surtout pour ma mère. Je veux pouvoir lui offrir une meilleure vie, celle qu'elle mérite, parce que je suis reconnaissante, parce que je veux la remercier pour tout l'amour qu'elle m'a donné, sa présence sans faille.

Je bosse ainsi pendant six mois à New York, sans trêve. J'arrive à mettre beaucoup d'argent de côté. De retour à Miami, je retrouve les filles, on s'amuse, on profite de la vie. Que de bons moments passés ensemble ! On passe un an comme ça, avant que je ne reparte à New York renflouer les caisses.

Arrive le jour où ça se complique à New York. Je gagne un peu moins même si ça reste correct. Je passe de 1 500 dollars par soir à 400 ou 500 dollars. À New York, le club fonctionne différemment. La danseuse parle beaucoup et danse peu, elle bosse souvent en duo pour faire passer le temps plus vite et éviter tout dérapage avec les clients relous. C'est une sorte de thérapeute sexy qui parle avec vous et vous écoute. Elle vous fait boire un maximum, consommer tout ce qui est consommable pour mettre le client à l'aise et que ce dernier dépense sans compter. Il partira les poches vides et plein de souvenirs dans la tête. Il aura le sentiment d'avoir fait la fête toute la nuit et d'en avoir eu pour son argent. Et il reviendra ! En réalité, c'est du business.

Je suis toujours avec Billie, une blonde qui est française comme moi. On danse toujours en duo et si elle n'est pas là, c'est avec Lily que je reste, une Asiatique qui est mère de famille et qui est très stricte.

En réalité, ce n'est pas que je gagne beaucoup moins d'argent à cette période, c'est que je n'avais plus le même appétit, plus la même énergie, plus la même motivation. Je crois que j'étais arrivée à un stade où j'approchais les 25 ans et que je remettais beaucoup de choses en question dans ma vie. Je décide donc de rentrer « chez moi » à Miami. Désormais, j'ai davantage de temps pour me faire plaisir. Je flâne, je souffle enfin ! Je bronze, je profite des plages et de me amies. C'est à ce moment-là que je tombe sur un livre. Ce livre qui change radicalement ma vie, comme j'ai pu vous l'écrire plus tôt. Ce livre qui m'éclaire, qui agit comme un déclic est *Le Secret*, de Rhonda Byrne, ouvrage de référence de la loi de l'attraction. Le propos est simple : tout ce que vous voulez avoir, vous pouvez l'avoir. Dès les premières pages, je suis intriguée. Je regarde alors le film, car du livre a été réalisé un film du même nom. Ce film explique comment Platon, Vinci ou encore Einstein ont réussi dans la vie. Et le secret, pour réussir, n'est autre que de pratiquer la fameuse loi de l'attraction.

Bien sûr, au départ, quand je lis tout ça, j'ai du mal à me dire que c'est possible ! Ça paraît tellement simple ! Mais une partie de moi est intriguée. Je comprends en lisant ce livre que je pratiquais la loi de l'attraction petite. Je parviens à mettre des mots sur mes visualisations, ce qui est déjà un grand pas. Mais moi, je voulais être une actrice, une chanteuse, pas devenir danseuse ! Donc non, vraiment, ça bloque. Qu'ai-je pensé ? Mal pensé ? Pour être là ? Il me semblait bien que mes rêves parlaient de célébrité, pas de go-go dancing ! Ces questions ne m'empêchent pas de poursuivre ma lecture, bien au contraire. J'ai besoin d'approfondir, de comprendre. Je regarde tout un tas de vidéos sur le sujet et me nourris de plusieurs documentaires. Je deviens une boulimique de la loi de l'attraction ! Et je finis par comprendre. Je finis par comprendre que la loi de l'attraction n'a rien d'immédiat et que ce n'est pas parce que je suis danseuse que je le resterai toute ma vie. C'est peut-être une étape, une transition, un bout de la route. Et puis, s'il me fallait passer par les États-Unis et une légère période d'ennui pour découvrir les rouages de la loi de l'attraction et me remettre à fond dans cette technique, alors tant mieux ! Je ne serais pas forcément tombée sur cet ouvrage en restant à New York, à Paris, en tentant des castings ou en apprenant le chant.

Pour arriver à mes fins, changer de vie, je dois pratiquer la loi de l'attraction et cette fois en la comprenant. Je dois continuer d'orienter mes pensées vers mon rêve, continuer d'y croire comme quand j'étais petite et ne plus faire l'impasse sur mes rêves. Alors, convaincue, informée et décidée, je m'y remets, je ferme les yeux, je vois une maison, un chien, un homme, l'argent, beaucoup d'amour et la vie que j'ai toujours rêvée. Je vois tout ce que je veux, sans limite, comme avant.

Ça peut paraître un peu facile dit comme ça. Sauf qu'il ne m'a pas fallu que cinq secondes pour m'y remettre en réalité. Il a fallu que tous les soirs, je m'exerce. Il a fallu que j'écrive la liste de mes rêves comme quand j'étais petite et me replonge à fond dans mon désir de changer de vie. Je n'y croyais plus comme quand j'étais enfant, alors j'ai travaillé pour ça, travaillé pour y croire à nouveau, pour vibrer à nouveau et pour que l'Univers m'entende. Car j'avais enfin compris toute la méthode. Et il m'a entendue.

CONFIDENCE

En écrivant toutes ces lignes, j'ai repensé à ces nuits et ces jours, parfois j'ai l'impression que c'est arrivé à quelqu'un d'autre. Comme si je regardais la vie d'une autre personne, je ne réalise pas que tout ça m'est vraiment arrivé. Je n'ai jamais mis la lumière sur cette partie de ma vie, comme j'ai pu vous l'expliquer. J'aurais pu m'attirer la compassion du public mais c'est une partie difficile que j'essayais d'oublier, ce n'est pas ce dont j'ai envie que l'on retienne de moi. J'ai toujours voulu véhiculer cette image de femme forte. Car je pense que l'on devient ce en quoi l'on croit. Mais aujourd'hui, j'espère que cette histoire vous donnera de l'espoir.

Je me revois si jeune à Miami, à l'époque où je faisais encore mes allers-retours. L'argent au club n'a pas toujours coulé à flots. J'ai atterri dans l'un des quartiers les plus malfamés, exactement comme dans les films, sauf que c'était vrai. Un appartement minable collé au *strip club*. Derrière un parking, en bord de route. Un matelas par terre en guise de chambre.

Je prenais le bus car le taxi était bien trop cher. Et le bus, c'était encore pire que dehors. Je mangeais une fois par jour et en général de la *junk food*. Burger/frites, c'était rapide, pas cher et ça me donnait suffisamment d'énergie pour toute la nuit.

Un soir, je m'en souviens, il a beaucoup plu, et mon appartement s'est retrouvé inondé. Mes fringues, et même la moitié du matelas. Pire, la moquette. Je cherchais un coin sec pour m'endormir. L'appartement est resté longtemps inondé. Quasiment un mois, si ma mémoire est bonne. Impossible de partir par manque de moyens. Et le propriétaire est injoignable évidemment. C'est humide, dangereux et mauvais pour ma santé.

À ce moment de ma vie, j'ai eu beaucoup de tentations. Entre les mauvaises fréquentations, traîner avec les strip-teaseuses, sortir après le club, accepter de sortir avec un client pour espérer changer de vie en devenant sa meuf, me faire tatouer tout le corps comme mes collègues en guise de signe d'appartenance à ce que j'étais, une strip-teaseuse. Mais miraculeusement, je crois avoir esquivé pas mal de choses, notamment les tatouages. Je n'ai pas perdu de vue mes objectifs. Chaque soir, épuisée, les pieds parfois blessés à force de danser, je m'asseyais en tailleur sur mon sol trempé et je rangeais mes billets dans un sac en plastique. J'aurais eu besoin d'un bon bain et d'un massage de tout le corps à ce moment-là, en particulier de mes pauvres petits pieds… Quelqu'un pour me serrer dans ses bras et me dire que tout ira bien.

Je priais chaque nuit que personne ne vienne me cambrioler ou m'agresser. Car je ne me sentais pas en sécurité, je dormais peu et mal. Mais je priais, encore et toujours, pour que demain soit un autre jour. Un jour meilleur, mieux qu'hier.

Récemment, j'ai vu le film *Queens*. Il m'a rappelé cette ancienne vie, à quelques détails près bien sûr. Le *strip club*, Miami puis New York, le froid, le métro, la galère et ce besoin constant de faire de l'argent. Ça m'a mise mal à l'aise mais j'ai vu, aussi, à quel point ma vie était mieux aujourd'hui. Ce film m'a surtout rappelé que l'on pouvait partir de rien et être ici. Ça m'a fait sourire de voir Cardi jouer ce rôle et notre vie. Finalement, ce film m'a apporté de la gratitude.

Je pense que la gratitude fait partie de la loi de l'attraction. Rien n'est acquis et plus tu chériras, plus tu garderas et plus tu obtiendras. Les pauvres deviennent pauvres, les riches deviennent riches.

En regardant ce film, j'ai eu une part de nostalgie. C'est contradictoire, peut-être, avec ce que j'ai écrit plus haut. Mais à cette époque, je n'avais rien. Lorsque l'on n'a rien et que l'on veut tout pour soi, une force intérieure se crée et nous pousse à nous surpasser. C'est lorsque l'on pense que tout est acquis que l'on devient médiocre. Qu'on se fait devancer par le petit nouveau, qui a la niaque, car il est beaucoup plus ambitieux. Il est obligé de faire le double et même le triple pour avoir la vie que vous vivez paisiblement actuellement. Alors ne vous reposez pas sur vos lauriers.

LA MISE EN PRATIQUE DE LA LOI DE L'ATTRACTION

Maintenant que je vous ai dit combien il était important, déjà, de cultiver le positif, maintenant que je vous ai dit que la loi de l'attraction était accessible à tout le monde et ce peu importe votre âge, votre situation, maintenant que je vous ai dit que l'essentiel avec cette loi, c'était de fixer l'arrivée sans se préoccuper du chemin, voilà comment « utiliser » la loi de l'attraction pour accéder à vos rêves.

Première étape : un rêve à la fois

Focalisez votre énergie sur un rêve précis. Car on peut avoir trente rêves, mais quand on ferme les yeux, on ne peut pas visualiser trente rêves en même temps (sinon, dites-moi comment faire !). Quand on s'adresse à l'Univers, on doit donc émettre une demande à la fois, sinon on court-circuite notre message. Il faut donc commencer par le commencement, et il faut que votre *goal* soit très précis et détaillé. Vous souhaitez un nouveau travail ? Une mutation ? Des enfants ? Une voiture ? Un mari ?

Si vous voulez une voiture, il faut la décrire mentalement : quel modèle ? Quelle année ? Quelle couleur ? Comment allez-vous vous sentir dans la voiture ? Quelle sera votre réaction quand vous aurez cette voiture ? L'Univers est comme un miroir. Il faut donc être très clair avec lui.

Les visualisations se jouent dans l'imaginaire, pour commencer. Avant de dormir, ou même lorsque vous vous promenez ou que vous bronzez à la plage, voyez votre rêve ! Si votre rêve est d'écrire un livre, imaginez-vous en train d'écrire votre livre, visualisez la couverture, visualisez une séance de dédicaces en librairie, visualisez votre livre dans les rayons… Pareil avec l'amour ! Visualisez une rencontre, la personne de vos rêves qui vous tient la main… Exactement comme lorsque l'on était jeune et que nos pensées osaient tout ! On se disait : « Je me fais des films ! » Eh bien, c'est tout à fait ça. Il faut se faire des films, il faut faire vivre ses rêves en pensées, avec des images douces, précises, qui nous enveloppent…

Deuxième étape : écrire

Maintenant que vous avez noté une demande claire, je vous conseille de l'écrire dans un carnet ou sur une feuille que vous garderez, ou dans votre téléphone. Par exemple : « Je publie un livre de deux cents pages. » Relisez régulièrement votre intention. Tout comme vous pouvez relire la liste de vos rêves pour rester connecté à votre futur.

N'hésitez pas aussi à vous répéter mentalement le souhait que vous avez écrit. Faites-le le plus souvent possible, matin, midi et soir, car n'oubliez pas que tout passe par la pensée.

Troisième étape : demander

Formulez votre demande selon certaines règles. Maintenant que votre rêve est précis, il faut formuler une demande à l'Univers. Il y a donc des règles à suivre. Ces règles sont relatives à votre façon de vous exprimer. Ne parlez pas au futur mais au présent. Dites « Je suis riche » et non pas « Plus tard, je serai riche ». Ou « Je conduis une Ferrari » et non pas « Un jour, peut-être… ». Ne parlez pas avec des « si ». Dites « Je suis riche » et non pas « Si je travaille dur, je vais devenir riche ». Il n'y a pas de condition ! Les choses doivent être comme ça et pas autrement ! Ne parlez pas à la négative. Je vous l'ai déjà dit : l'Univers n'intègre pas la négation dans son langage. Ne dites pas « Je ne veux pas être pauvre » mais « Je suis riche ». Ou « Je suis en bonne santé » ou « Je suis célèbre ». Par exemple, en parlant de santé, combien de fois ai-je été clouée dans mon lit, fiévreuse et fatiguée ? C'était dur de me dire « Je suis en bonne santé » car j'étais au bout du rouleau. Mais je souriais, je me disais que j'allais très bien, et c'est ce que je renvoyais à l'Univers. C'est pour cela que je guérissais rapidement. Alors oui, on va me répondre que certains ont des maladies graves, que d'autres meurent… Mes proches et moi avons malheureusement eu notre lot de pleurs, de souffrances et, bien sûr, d'incompréhensions face aux événements de la vie. Mais je sais aussi que nous ne sommes pas immortels et la loi de l'attraction n'a pas trouvé ce remède-là. Elle ne produit pas toujours des miracles, et dans un monde qui n'est pas forcément simple, elle nous accompagne vers le meilleur de nous-mêmes et nous soutient sans faille. Ne condamnez pas ou n'abandonnez pas la loi de l'attraction car vous avez perdu un proche malgré vos prières, même si c'est dur et qu'on se demande pourquoi cela nous arrive à nous et que nous nous mettons à tout remettre en question. Malgré les pensées positives et de guérison, vous avez le sentiment d'avoir échoué ou de ne pas avoir été entendu, ou pire, d'avoir été abandonné. C'est la même chose lorsque les gens perdent la foi après certains drames, en se disant que si un dieu existait, de tels drames n'auraient pas lieu. Comme j'aimerais réchauffer votre cœur. Mais ne renoncez pas à la loi de l'attraction et à vos prières car un proche n'a pas pu être sauvé. Nous sommes des êtres mortels et n'avons pas encore trouvé de réponses à cela, pourquoi certains restent et d'autres partent. Mais je sais que nous sommes là pour une raison, sans insinuer que ceux qui sont partis trop tôt n'avaient pas de raison de vivre. Vos prières fonctionneront parfois, et peut-être même souvent, et il y a encore beaucoup de choses pour lesquelles nous sommes impuissants malgré tout. Mais gardez foi en l'Univers.

Quatrième étape : tableau de visualisation

Tout se joue dans la pensée et dans les films que vous vous faites, certes, mais avoir un support est très utile. Le tableau de visualisation est donc très précieux : il s'agit de créer un tableau, ou un coin de mur, avec des photos en lien avec vos rêves. Par exemple, vous accrochez la photo de la villa de vos rêves ou du chien que vous aimeriez adopter… Les plus infimes détails sont les bienvenus ! Tout compte, j'insiste là-dessus ! Il ne faut pas avoir honte. Peut-être qu'au départ, on peut se sentir un peu idiot quand on accroche la photo d'un chien, d'une piscine, mais on ne doit pas. On doit se dire que c'est bien, qu'on a raison. La loi de l'attraction permet de nourrir nos pensées, c'est donc pour ça qu'il est intéressant de créer du matériel et du contenu. Et il n'y a pas de bon ou de mauvais contenu. Chacun le sien ! Pour la petite (ou grosse) anecdote, aux États-Unis, j'avais accroché un billet d'un dollar dans ma chambre et écrit plusieurs zéros à la suite... Il était suspendu en face de moi, je ne pouvais pas le louper et donc ne pas perdre de vue mon objectif !

Moi, j'ai un tableau de visualisation. Et je me sers aussi de mon fond d'écran ! Sur mon téléphone, pendant longtemps, j'ai gardé en fond d'écran les pyramides d'Égypte car j'aimerais aller là-bas. Ce souhait peut paraître « petit » car je suis déjà partie plus loin et que j'ai les moyens d'y aller. Mais ça ne veut pas dire que je ne pratique pas la loi de l'attraction, car cette loi ouvre une conversation avec la vie. La vie me guidera vers ce voyage en me signalant le bon moment, en m'orientant vers la meilleure configuration possible. Car ce n'est pas seulement une question d'argent, c'est avant tout une question d'y aller au bon moment et avec les bonnes personnes.

Longtemps, à New York, j'ai également mis en fond d'écran une maison du sud de la France, car mon rêve était celui-ci : acheter une maison dans cette région où j'ai grandi, un rêve en écho à mon enfance, un rêve pour ma mère aussi, à qui j'ai toujours voulu offrir une belle vie.

Il y a quelques mois, je l'ai achetée !

Cinquième étape : remercier

Vous avez bien lu. La loi de l'attraction ne marche pas sans la gratitude. Lorsque vous prenez deux minutes par jour en vous réveillant ou/et avant d'aller dormir pour remercier la vie, vous vous mettez automatiquement dans un état apte à garder et à recevoir car vous remerciez. Commencez par remercier des choses que vous avez déjà : « Merci, je suis chanceux d'avoir mes parents », « Merci d'avoir fait deux adorables enfants », « Merci pour avoir un mari si attentionné ». Puis au fur et à mesure de dire merci pour des choses qui existent déjà, vous allez dire merci à des choses que vous souhaiterez.

Sixième étape : recevoir

Lorsque vous allez commencer à remercier pour des choses que vous n'avez pas encore réalisées, c'est à ce moment-là que vous verrez apparaître la magie. Pour arriver à cette étape, il faut une croyance sans conviction. Remerciez comme si vous possédiez déjà : merci pour le magnifique bouquet que j'ai reçu ! Merci pour cette sublime Ferrari ! Merci pour cette incroyable note ! Merci pour cette magnifique journée que j'ai passée ! Merci pour cet anniversaire surprise !

Et enfin, je ne saurais que vous encouragez à visualiser et remercier chaque jour votre souhait le plus précieux. Tout ça, c'est un peu comme Aladin et le Génie, sauf qu'Aladin n'a droit qu'à trois souhaits, contrairement à vous. Imaginez que vous puissiez émettre vos souhaits. Vous pouvez tout demander. Il faut minimum vingt-et-un jours pour reprogrammer le cerveau et changer sa façon de penser, ce qui veut dire qu'on n'obtient pas les choses en claquant des doigts. L'important, c'est de « penser ses rêves », de faire ses demandes à l'Univers et d'attendre. Mais bien sûr, il ne s'agit pas d'attendre sans rien faire. Il faut continuer d'y penser, de se projeter, de mobiliser son corps et son esprit à toutes les émotions associées.

Osez y croire. Osez essayer. Ne perdez pas de vue vos rêves car tout est possible !

Ne négligez pas ces visualisations. C'est un travail permanent. Disons qu'on ne fait pas ça le dimanche soir dans son lit à la va-vite, mais au contraire, le plus souvent possible. Ça demande de l'investissement. En même temps, il y a pire comme investissement, non ? Si c'est si important à mes yeux, c'est parce que les visualisations nous permettent d'entrer en résonnance avec l'Univers, et que cette résonnance se matérialise grâce à nos émotions. Plus vous visualisez l'avenir, plus vous baignez dedans, plus vous ressentez des émotions utiles à l'Univers. Il va les percevoir et cerner votre message. Il va savoir ce que vous attendez. Vous lui montrez le film, il n'a plus qu'à vous le fournir grandeur nature.

La visualisation est importante car elle permet de ne pas perdre de vue son objectif. Cela doit nourrir le cerveau et les pensées en permanence pour faire passer le message à l'Univers ; il trouvera alors un moyen de vous donner ce que vous avez demandé. En visualisant, on attire, on convoque la manifestation.

Promenez-vous (vraiment) dans vos rêves

Je vous le disais : les actions ont leur importance. Ne serait-ce que pour se mettre dans un *mood* positif, nous devons, au quotidien, ne pas ressasser mais agir. Les mini-accomplissements sont essentiels. Vous vous êtes réveillé tôt aujourd'hui ? Vous avez fait une heure de sport ? Pour aller plus loin que votre tableau de visualisation, promenez-vous dans vos rêves en osant des petites actions en lien avec votre plus grand rêve. Si on reprend l'exemple de la voiture que vous rêvez d'obtenir, on peut dire que vous l'avez décrite avec précision dans un carnet, que vous la visualisez avant de dormir (ou quand vous montez dans votre vieille voiture à vous !), et que vous regardez régulièrement des photos de cette voiture sur Internet. Mieux, vous avez accroché des clichés à votre tableau. Désormais, faites mieux : allez voir cette voiture chez un concessionnaire. Testez-la aussi ! Rapprochez-vous d'elle, tournez-lui autour. Faites-en sorte que cette voiture entre dans votre vie. Montrez à l'Univers que cette voiture, elle est pour vous ! Et chaque jour, continuez. Relisez votre description, regardez des images, fermez les yeux et projetez-vous dans la voiture. Convoquez vos émotions, vibrez.

LES SIGNES DE LA VIE, UNE DISCUSSION AVEC L'UNIVERS

La vie nous apporte la solution. Notre énergie est captée par l'Univers et il nous renvoie cette énergie en la matérialisant : des signes se manifestent pour nous guider puis nos rêves se réalisent. Car bien sûr, nous devons contribuer. Rebondir sur les signes, saisir les occasions.

Quand on pratique la loi de l'attraction, il ne faut pas croire que nos souhaits se réalisent un beau matin, d'un coup. Je veux dire, on ne poireaute pas pendant dix ans pour qu'un jour, surprise, tout change ! Ça se saurait, et puis ce ne serait pas très excitant en fin de compte. Un rêve, ça se construit. Cette précision a son importance. Car savoir comment pratiquer la loi de l'attraction est une chose, mais savoir ensuite comment avancer avec elle, grâce à elle, en est une autre.

“L’Univers vous envoie
à son tour des
messages
pour vous guider.”

Ce que je veux vous dire, c'est que lorsque l'on pratique la loi de l'attraction, on envoie un message à l'Univers. C'est un souhait, comme Aladin avec le Génie. Puis l'Univers, comme je vous l'expliquais, concrétise vos souhaits. Mais cela ne signifie pas qu'il met tout dans une marmite, qu'il remue, et que quand c'est prêt, ça vous tombe dessus. Ce qu'il se passe, en réalité, c'est que l'Univers vous envoie à son tour des messages pour vous guider. Il vous donne des indices, il vous montre qu'il est en train de plancher sur votre sujet et que si vous voulez avancer, vous devez prendre telle ou telle voie. En d'autres mots, l'Univers vous envoie des signes. Disons qu'il éclaire certaines routes, certaines personnes. Là, vous devez vous dire : d'accord, c'est par-là, je fonce !

Des signes, il y en a partout mais nous ne les voyons pas, déjà parce que nous n'avons pas conscience de nos conversations avec l'Univers, ensuite parce que cela demande de l'attention. Combien de fois ai-je voulu décaler un rendez-vous sans oser le faire, et finalement la personne que je devais voir était malade ! Ça m'arrangeait bien, je n'avais rien à faire. Et c'était le résultat de l'Univers qui m'avait entendue. Mais les signes ne sont pas toujours aussi évidents. Par exemple, imaginez que vous ratez votre avion : et si cela signifiait que vous avez quelque chose d'important à régler avant de partir, comme je vous le disais ? Ou bien qu'il va vous arriver quelque chose dans une heure, en lien avec votre rêve ? C'est l'Univers qui vous dit quelque chose !

On ne voit pas tout ça, parce que nous vivons dans une société qui nous déconnecte de nos propres repères. Non seulement nos cinq sens (ouïe, vue, odorat, goût, toucher) font que notre intuition fonctionne moins bien qu'elle ne le pourrait, mais les smartphones nous déboussolent encore davantage, notre mémoire travaille moins, nos capacités sont réduites car les nouvelles technologies font tout pour nous : écouter le GPS, c'est plus facile que de lire une carte ! Mais en contrepartie, nous sommes complètement coupés de ce qu'il se passe vraiment autour de nous, des autres, des messages de la vie et de l'Univers. Le 26 décembre 2004, lors du tsunami dévastateur dans l'océan Indien, qui a fait près de 250 000 morts, nous avons découvert mais surtout appris des choses qui surprennent. Très peu de cadavres d'animaux ont été retrouvés. Deux jours avant la catastrophe, les animaux ont commencé à avoir un comportement étrange. Des éléphants avaient brisé leurs chaînes pour s'enfuir dans la montagne. Des oiseaux par centaines étaient également partis dans les hauteurs. Les Moken, un peuple de nomades de la mer, avaient également survécu. Interrogés par des journalistes, qui ne comprenaient pas comment ils avaient pu prévoir la catastrophe, sans téléphone, sans radio, satellite ou moyen de communication, les Moken ont simplement répondu : « Comment vous, vous n'avez pas su ? » Ils ont alors expliqué qu'ils avaient seulement écouté la mer, le vent, les animaux et leurs comportements... Les hommes qui ont pu être sauvés sont ceux qui ont suivi les éléphants vers la montagne. Voilà une histoire qui mérite réflexion. Comment un peuple considéré comme « sous-développé » pouvait-il savoir, et pas nous ? Car nous ne savons plus écouter la Terre, nous avons perdu la connexion avec la nature. Les messages de l'Univers sont là pour nous indiquer la direction, car tout est lié et nous sommes tous liés. Essayons de les écouter. Les nouvelles technologies sont formidables pour nous aider, mais combien de personnes seraient incapables de retrouver un chemin sans GPS, alors même qu'elles l'ont emprunté plusieurs fois ? Là où je veux en venir, c'est que nous devons apprendre à reconnaître les signes. Mais pour cela, il faut être attentif à ce qui nous entoure, car nous sommes liés par une énergie, si forte que celle-ci dépasse la parole. C'est comme un champ magnétique. Et vous en avez peut-être eu conscience les fois où vous avez reçu un coup de fil d'une personne à qui vous pensiez justement à ce moment-là. Imaginez que votre rêve est d'écrire un roman sur un sujet précis. Vous doutez, vous ne savez pas. Et, alors que vous vous décidez à ouvrir votre ordinateur pour bosser dessus, soudainement une émission passe à la radio et parle de votre sujet. Eh bien ça, c'est un signe : l'Univers est là, il vous dit de foncer.

Vous pouvez aussi provoquer des conversations avec l'Univers. Vous pouvez lui demander, un jour, si vous devez bien travailler sur ce sujet, par exemple, ou si vous devez envoyer votre CV à cette entreprise plutôt qu'à une autre. Vous formulez cette demande à haute voix et dans les jours qui suivent, l'Univers vous enverra une réponse. Cela peut être tout et n'importe quoi : une affiche dans le métro, le mot d'un ami, une phrase dans un film, une personne que vous croisez… Un peu comme le film *Bruce tout-puissant* ! Regardez-le et vous comprendrez ce que je veux vous dire par « observez les signes ».

QUESTIONNER L'UNIVERS EN CAS DE DOUTES

Si vous avez le sentiment qu'il ne se passe rien malgré votre demande et vos visualisations, si vous avez le sentiment que l'Univers ne vous envoie aucun message, demandez-lui de vous envoyer des informations, c'est-à-dire des signes. Vous pouvez formuler votre demande clairement : « Que dois-je faire pour y arriver ? », ou bien vous pouvez aussi être très précis, et demander à l'Univers si vous devez plutôt faire ceci ou cela. Méditez lors de votre demande et écoutez le résultat. C'est votre intuition, directement en lien avec l'Univers, qui a la réponse.

Pour « méditer », installez-vous dans un endroit calme et connectez-vous à votre respiration. Concentrez-vous sur elle. En focalisant sur votre respiration, votre esprit se dégage. Certaines pensées continuent d'aller et venir mais ce n'est pas grave. Laissez-les faire. Restez sur votre respiration. Cherchez le calme en vous. Cet instant vous permettra de vous reconnecter à l'essentiel, au plus profond de vous. Vous allez sentir les choses. Elles vont monter en vous. Peut-être pas pendant votre séance de méditation, mais peut-être après ! Au détour d'une douche, d'une balade, d'une conversation... Vous allez découvrir un message de l'Univers, et votre esprit saura que la réponse est là. Votre intuition est directement reliée à vos émotions. Pour s'exprimer, elle exige de nous un ancrage dans le moment présent. Activez vos cinq sens, contemplez la vie autour de vous, restez dans le « ici et maintenant » et laissez votre corps parler. Vous allez sentir les choses, je vous le promets. Toutes les pensées qui vous paraissent agréables, les décisions qui montent en vous et vous inspirent du bon, sont la preuve que vous êtes sur la bonne voie. À l'inverse, les pensées qui vous mettent dans un drôle d'état, dans un état inconfortable, sont le signe que le chemin n'est pas là. Écoutez cette petite voix qui vous guide. Elle est votre sixième sens, et c'est elle qui a raison... et non pas la raison ! Un jour, une amie me racontait une histoire : elle sentait que quelque chose n'allait pas entre elle et son fiancé. Pourtant tout allait bien mais elle avait un mauvais pressentiment. Ce soir-là, elle est venue chez moi et est restée un long moment dans le salon. Elle pleurait et a demandé un signe à l'Univers : « Si cet homme n'est pas l'homme de ma vie, fais moi un signe. S'il me cache quelque chose, si ce n'est pas le bon, fais moi un signe. » Épuisée par ses larmes et ses nuits blanches, elle a fini par s'endormir sur le canapé. En se réveillant le matin, elle avait reçu un message dans la nuit sur Instagram. J'ai des frissons en vous écrivant ce témoignage… Le message qu'elle avait reçu venait d'une autre femme qui lui disait qu'elle avait une liaison avec son fiancé depuis maintenant deux mois.

Cette histoire est vraie. Je ne suis pas là pour vous parler de religion. Qu'elle se soit adressée à Dieu, à l'Univers ou à une force supérieure, peu importe, son intention était d'avoir une réponse. Et elle l'a eue…

NE VOUS IMPATIENTEZ PAS

La loi de l'attraction n'est rattachée à aucune règle temporelle. Il ne s'agit pas de penser jeudi pour obtenir un résultat samedi. L'Univers choisit son rythme, faites-lui confiance. Il travaille pour vous. Si vos pensées sont claires et positives, si vous vibrez suffisamment, si vous êtes convaincu, alors tout arrivera, même plus vite que vous ne le pensez ! L'important est de rester aligné sur des pensées positives pour ne pas stopper le travail de l'Univers. Ne vous impatientez pas, ne vous découragez pas. Continuez d'y croire, de visualiser, de vous promener dans vos rêves et de les posséder.

> *« L'Univers choisit son rythme, faites-lui confiance. »*

POUR ALLER PLUS LOIN : LA MÉTHODE RPM !

Cette méthode a été créée par Anthony Robbins, connu dans le monde du développement personnel. Et elle résume rapidement ce que je vous ai écrit plus haut. RPM signifie Résultat – Pourquoi – Attaque Massive. Mais que faire de cette méthode, généralement employée dans le monde du business ? C'est très simple :

- **Résultat :** notez sur un papier ce que vous attendez. Quel résultat ? Cela revient à se fixer sur un rêve précis et à le détailler. Il faut absolument faire preuve de clarté.
- **Pourquoi :** ici, vous notez pourquoi ce rêve vous tient à cœur. Pourquoi il est pour vous. Pourquoi vous devez y arriver. C'est votre intention, l'objet même de votre détermination. Notez tout ce que la réalisation de cet objectif vous apportera.
- **Attaque Massive :** l'attaque massive, c'est votre plan d'action. Ce qui est important, c'est de ne pas avoir une seule action en tête mais plusieurs. Car parfois, certaines actions n'ouvrent pas la porte, ou de toutes petites portes. La question à se poser est : quelles sont les choses que je peux faire pour y arriver ? Peut-être que je peux appeler cette personne, qui sera de bons conseils. Peut-être que je peux lire ce livre, qui m'aidera. Peut-être que je peux visiter tel ou tel endroit. Et ainsi de

suite. N'ayez pas peur des « petites » idées, car on ne construit pas ses rêves d'un seul coup ! Il faut fouiller, et puis surtout se connecter à tout ce qui peut nous relier à notre rêve, à tous les éléments qui gravitent autour. Comme pour la voiture ! On va la voir, on monte dedans, on se renseigne, on y pense !

CHAPITRE

5

L'AVENTURINE ET LA TÉLÉRÉALITÉ

« La sagesse viendra à vous, de la source la plus improbable qu'il soit, souvent à travers l'échec ; quand vous touchez le fond, souvenez-vous de ça. Pendant que vous souffrez, le fond peut aussi être une excellente fondation sur laquelle construire et sur laquelle grandir. Je ne suis pas inquiet que vous ayez du succès, je suis inquiet que vous n'échouiez pas. La personne qui sait se relever et qui continue et qui grandit, est la personne qui continuera à faire grandir son influence. »

Rick Rigsby

En me plongeant comme je l'ai fait dans la loi de l'attraction, j'ai appris du même coup le pouvoir des pierres. Mais avant de vous en dire plus, je voudrais vous raconter une histoire très parlante, que j'ai entendue dans le reportage *Le Secret : changer sa vie - loi d'attraction* : deux hommes discutent. Le premier remarque que le second a des pierres dans sa poche. Il lui demande alors ce que c'est. Pourquoi ces pierres ? « Ce sont mes galets porte-chance », lui répond l'autre homme, en lui expliquant qu'ils agissent tels des porte-bonheur. Quelques semaines passent et l'homme qui s'interrogeait sur les pierres se retrouve au chevet de son fils, très malade. Il pense alors à l'homme sur la plage, avec ses galets ! Il l'appelle et lui demande de lui envoyer un galet. L'autre est bien embêté. Il a ramassé ces galets au hasard d'une promenade, et même s'il en a fait des gris-gris, ils n'ont pas de pouvoir magique. Mais tant pis, il envoie quand même un galet à l'autre homme. Six mois plus tard, l'homme qui veillait sur son fils écrit à l'homme des galets : mon fils est guéri ! Ça a marché ! J'ai tellement prié sur ces pierres qu'il a guéri, merci !

Tout ça pour vous dire qu'on ne sait pas si les pierres ont un véritable pouvoir, mais que c'est le pouvoir qu'on leur donne qui compte. C'est parce qu'on y croit, c'est parce qu'on sert fort son galet en priant que les choses se réalisent. Parce qu'on a émis des pensées positives et projeté nos souhaits, tout simplement.

Vous n'êtes pas obligé de posséder des pierres. Vous pouvez vous procurer une babiole ! L'important, c'est d'avoir un objet identifié comme porte-bonheur. Un objet qui vous rassure. Un objet dans lequel vous croyez et qui vous sert de support pour pratiquer la loi de l'attraction.

Quand on était petites, mes sœurs et moi avons vécu un épisode de ce genre-là. C'était à l'époque du Sud, juste avant l'Angleterre. Nous étions avec notre père et nous visitions la forêt de Paimpont, en Bretagne, pas très loin de Rennes. Dans cette forêt, on trouve le tombeau de Merlin. Un lieu où les gens déposent des vœux, des fleurs, des objets symboliques. Avec ma petite et ma grande sœurs on avait très envie que notre mère arrête de fumer, alors on a arraché un bout du paquet de cigarettes qu'on a trouvé par terre pour écrire dessus notre souhait : que maman arrête de fumer. On a déposé notre papier au pied du tombeau. On y croyait vraiment très fort. Quelques semaines plus tard, notre mère tombait enceinte de notre petit frère et après cela, elle n'a plus jamais touché à une cigarette de sa vie ! On ne sait pas si c'est grâce à nos prières mais le fait de concentrer son souhait sur un objet signifiant, symbolique, est un moyen d'y croire plus fort et d'envoyer des ondes positives à l'Univers, en lien avec nos attentes les plus intimes. Cela permet de concentrer notre désir.

C'est donc après avoir découvert cette histoire de pierres et repensé à maman qui ne fumait plus depuis cette balade bretonne que j'ai acheté deux pierres. J'ai 25 ans et j'étais toujours à Miami et je suis entrée dans un magasin au hasard. Sur Alton Road, j'ai senti de l'encens au loin et je suis rentrée. Il y avait des pierres partout ! De la fumée, des cartes de tarot, des livres, des bougies… C'est même devenu un endroit où je passe plusieurs fois par mois. Ceux qui regardent mes vidéos Snapchat ont souvent vu cette boutique. Elle est apaisante, il y a une fontaine et des musiques de méditation. J'ai erré à l'intérieur jusqu'à tomber sur une aventurine verte. Je n'y connaissais strictement rien. Mais j'ai aimé le nom, et j'aime le vert. J'ai pris la plus grosse en me disant que plus elle serait lourde, plus mes rêves se réaliseraient ! J'ai également acheté une pierre de jade, aussi de couleur verte.

L'aventurine est une pierre très connue, synonyme d'aventures, de chance, d'argent. C'est une pierre que j'aime beaucoup. J'ai été radicalement attirée par elle dans le magasin. Je dirais même qu'elle m'a choisie.

Le lendemain de mon achat, je suis chez moi (et mon aventurine est posée sur mon meuble télé), et je reçois un appel. Une femme à l'autre bout du fil me parle de télé. Elle me dit qu'ils recherchent depuis longtemps un profil comme le mien. Vous l'aurez donc compris. Nous étions au mois de janvier 2015 et on m'appelle pour ma première télé. Incroyable ! C'est complètement dingue ! Pourquoi ce coup de téléphone à ce moment-là ? À peine avais-je mes pierres ! Je n'en reviens toujours pas. Est-ce que je pouvais m'y attendre ? Aucunement. Ce n'était absolument pas prévu. Quand j'ai décroché, une femme s'est présentée. Elle m'a dit s'appeler Amélie Brunel. Elle m'appelait de la part de Lynda, une amie styliste de Paris qui lui a donné mon contact. À ce moment-là, je ne sais pas encore que cette femme va changer ma vie. La fameuse Amélie m'explique donc qu'elle cherche une jeune fille de type américain, assez pulpeuse et pas blonde (pour changer), pour une téléréalité. Pour le *Bachelor* qui aura lieu en mars ou avril. Je n'en revenais pas et je n'arrêtais pas de fixer cette pierre. Je dois dire que sur le moment, je trouve ça très bizarre et limite flippant. Je ne suis pas du tout à l'aise. Est-ce que c'est trop, tout ça d'un coup ? Le livre puis les pierres, puis le coup de fil. Mais je réponds à Amélie que ça ne m'intéresse pas. Je n'habite plus en France, je suis aux États-Unis, et la téléréalité, je trouve ça un peu *has been* pour être tout à fait honnête. C'est vrai qu'à ce moment-là, j'ai pas mal de préjugés sur cet univers.

Donc oui, je refuse, je pensais que ce n'était pas pour moi, et puis malgré tout, ces derniers temps, je me sentais boostée par la loi de l'attraction, j'avais la sensation de réussir ma vie, alors je ne voyais pas le rapport avec la téléréalité, surtout qu'à l'époque, les candidats étaient mal payés et que la seule suite pour eux était les *bookings* en boîte de nuit. Moi qui venais de passer six ans à travailler le soir, hors de question que je fasse des *bookings* ensuite. Je bossais, je me débrouillais, j'avais un peu d'argent de côté. Sans façon… En plus, le salaire proposé par la production n'aurait même pas payé mon loyer ! Sauf qu'Amélie m'a appelée, et encore appelée, et mille fois appelée. Elle ne m'a pas lâchée. Je crois que le fait d'avoir dit non l'a challengée. Ce n'est pas ce que je cherchais. Mais elle a essayé de me convaincre. J'ai questionné mon entourage, ne sachant pas quoi faire. Craquer ? Ne pas craquer ? Et puis, si je devais le faire ? Est-ce que c'est un message de la pierre ? Si c'était aussi simple que ça ? C'est quand même assez dingue, je viens à peine de découvrir le livre *Le Secret*, le film du même nom, les pierres… Tout s'est enchaîné trop vite ! J'ai donc cogité plusieurs nuits. J'ai pesé les « pour » et les « contre ». Dans les « pour », je me disais que quand même, c'était la télé ! C'est une super expérience ! Sur une grosse chaîne de surcroît, même s'il s'agissait du *Bachelor*. Dans les « pour », je me disais aussi que le fait d'habiter aux États-Unis me protégerait. Si le programme échoue et que je suis la risée des téléspectateurs, peu importe, je vis loin, très loin de la France, personne ne le saurait ici. Je n'avais rien à perdre, enfin si, un peu d'argent. Et ça, c'était un « contre ». J'allais y passer un mois, et donc moins bosser à Miami. Après avoir retourné mon cerveau dans tous les sens et regardé mon aventurine mille fois, j'ai prononcé ce mot qui a changé ma vie une nouvelle fois. Encore un oui. J'ai dit : « Oui ! »

Je pars donc pour faire le *Bachelor*, j'ai 25 ans. Hop, direction la France ! C'est d'ailleurs là-bas que je rencontre mes copines Natacha et Mélanight ! Je m'en souviens très bien. Mélanight était très jeune et assez excentrique. Disons qu'elle avait tendance à envahir l'espace, à accaparer la caméra. Ça énervait les candidats. Ils n'étaient pas jaloux mais ils trouvaient ça *too much*. Globalement, Mélanight en faisait trop, et c'est comme ça qu'elle s'est mis tout le monde à dos. Sauf que moi, j'aimais bien tout le monde, j'avais vite cerné qu'elle n'était pas méchante et je n'aimais pas la voir seule. J'avais envie de la connaître, de comprendre ce qui se cachait sous sa carapace. Je l'ai accueillie dans ma chambre parce que personne ne voulait d'elle. Mes instincts de grande sœur ! Comme avec Bérengère. Mélanight m'a beaucoup parlé d'elle, de sa famille, de son histoire. J'ai découvert quelqu'un de très attachant. Pourtant, on savait que cette relation naissante ne durerait pas : on était là pour se battre pour le même mec, c'est le principe du *Bachelor* !

Concernant l'émission, je comprends tout très vite. Je comprends ce que l'on attend de moi pendant les interviews et durant le tournage. Je comprends aussi qu'avant d'être de la téléréalité, tout ça est un taf. On est réveillés à 6 h du matin, on commence à tourner à 8 h. On doit se mettre en place. C'est précis, carré, on n'est pas là pour faire n'importe quoi. On a beau vendre du divertissement, on a beau être là pour détendre les gens avec nos maisons de rêve et nos décors de dingue, on travaille. Certains candidats sont déstabilisés par cette rigueur, ce cadre. Moi, pas du tout, pas quand on a travaillé dans un stripclub ! (Rires.) Il y a comme quelque chose d'évident. Je me sens au bon endroit et au bon moment. C'est même super logique. Et pourtant, jamais, c'est vrai, je n'aurais imaginé faire de la téléréalité. Moi, mon rêve, c'était d'être actrice, et quand j'étais gamine, la téléréalité, je ne connaissais pas, même si le *Loft* a démarré dans les années 2000.

Seulement voilà, la catastrophe, le tournage est arrêté subitement au bout de dix jours suite à la collision aérienne entre deux hélicoptères sur le tournage de l'émission de téléréalité *Dropped*. Le *Bachelor* appartient à la même boîte de production, donc tout s'arrête également pour nous. Je suis dégoûtée, un peu désorientée. D'une part, l'accident est choquant, d'autre part, j'avais déjà pris mes habitudes sur le tournage. Je me sens comme arrachée de ma nouvelle vie. C'est très bizarre.

Je commençais à m'adapter. J'y ai cru et puis la vie en a voulu autrement. Je me dis qu'il y a forcément une raison, que tout ça n'est pas le fruit du hasard. Si tout s'arrête, c'est peut-être parce que la téléréalité, ce n'est pas pour moi. Ce n'est pas parce que j'ai aimé, pris du plaisir, que je suis faite pour ça. J'essaie donc de trouver une explication. Je comprends que c'est un message de l'Univers : il m'a permis de tester la télévision et l'univers du show-business pour que je réalise ensuite que ma trajectoire n'est pas là. J'accepte cette conclusion même si elle me met en colère, d'autant que d'un point de vue plus pragmatique, je dois dire que j'ai mis mon travail à Miami entre parenthèses et ce tournage a nécessité de l'organisation. J'ai même perdu de l'argent. Je rentre donc à Miami. C'est dur car je m'étais imaginée un instant changer de vie… Quand je rentre aux États-Unis, j'ai l'impression d'être partie depuis trois mois. Pourtant, ça ne fait que quinze jours. J'ai un peu de mal à me remettre dans la vie. J'ai encore la tête dans le *Bachelor*. J'y ai mis tellement d'énergie ! Mais je dois me secouer, retourner danser, même si cela me contrarie. Je pensais que, peut-être, je ferais autre chose de ma vie, et puis finalement non. Retour à la case « danse ». Je n'en veux pas à ma pierre. (Rires.) Elle ne m'a pas mise sur une fausse piste, mais m'a sans doute permis de découvrir quelque chose pour que j'obtienne des réponses. La réponse est : « Après toutes ces années et tous tes rêves de gosse, je te libère ! Ce n'est pas pour toi ! »

Je fais ma vie et je ne bosse pas. J'ai envie de temps pour moi. J'ai besoin de me réacclimater à ma vie aux États-Unis. C'est vraiment un lendemain de cuite, tout ça. J'ai la gueule de bois mentalement, alors j'en profite pour me reposer, relâcher. Un moyen d'encaisser et de me repositionner dans mon quotidien. La télé, j'oublie, vraiment. Je ne pleurniche pas sur ce loupé, j'essaie plutôt de reprendre mes marques pour avancer, rester positive. Il se passe un mois comme ça. Jusqu'à ce coup de fil. On est mi-mai et on m'appelle sur mon numéro américain. C'est une femme qui s'appelle Camilla. D'entrée de jeu, elle me dit qu'elle m'a vue dans le casting du *Bachelor*, car elle a eu accès aux images en post-production qui ne sont jamais sorties. Camilla travaille chez W9. Elle me dit qu'elle a adoré mon personnage. Elle a une autre émission à me proposer.

“

L'Univers m'a permis
de tester la télévision
et l'univers
du show-business
pour que je réalise
ensuite que ma
trajectoire n'est pas là.

”

Dans ma tête, les choses sont claires. Je pense : « Oh non ! » Oh non, parce que j'ai enfin réussi à oublier le *Bachelor*, du moins à éloigner de mon esprit cette expérience inachevée qui m'a laissé un goût de frustration. Et là, on me rappelle ! On joue avec moi ? Mais j'écoute. J'écoute Camilla qui me propose de participer aux *Princes de l'amour 3*. Ma première pensée ? Même pas en rêve ! Pour moi, ça n'a rien à voir avec le *Bachelor*. Le *Bachelor*, c'est classe ! *Les Princes de l'amour*, à côté, c'est le camping ! Je ne veux pas ça, je ne suis plus une gamine, je veux gagner ma vie, je n'ai pas envie de me retrouver avec de jeunes gens qui sortent de l'école. J'ai 25 ans. Je décline. C'est hors de question. C'est trois fois « Non » ! En plus, je suis célibataire et je me dis qu'un mec de la téléréalité, ça ne m'intéressera jamais ! Impossible. Ce n'est donc pas ça mon rêve, mon avenir, et puis j'ai déjà essayé, le dossier est désormais rangé. Je ne mâche pas mes mots au téléphone. Camilla doit me trouver hautaine…

C'est fou quand même. Comme par hasard, quand je passe enfin à autre chose dans ma tête et dans mon cœur, l'Univers vient me chercher. Me rechercher même ! Je parle de ce coup de fil à

Khad et Vivi, mes meilleures amies. Je veux partager ma surprise et obtenir leur avis. Khad regarde *Les Princes de l'amour* en replay. Elle me dit que c'est trop drôle, qu'elle adore, que je devrais y aller. Elle est sûre d'elle, elle m'y voit ! Mais moi je ne suis pas dans l'humour et je ne manie pas l'autodérision à la perfection. J'ai un petit côté sérieux ; et je pense sincèrement que je vais m'emmerder là-bas. En plus, je sors avec des mecs plus âgés que moi, en général. Donc ce programme ne me correspond en rien ! Mais Khad ne lâche rien, elle insiste, elle me vend le truc, et moi je cogite encore. J'en viens à raisonner comme pour le *Bachelor* : si ça m'arrive une seconde fois, si on vient me chercher une seconde fois, c'est qu'il faut que je le fasse. En plus, soyons honnêtes : j'ai aimé ça, le tournage. Alors pourquoi ne pas tenter une nouvelle fois ? Et puis si je reste trois jours – parce qu'on peut être éliminé dès le troisième jour ! – personne n'en saura rien, je rentrerai aux États-Unis et voilà. Alors, après un mois de travail au corps entre Camilla qui m'appelle et Rodolphe, le rédac chef, c'est parti ! Nous sommes en juin 2015. Direction Ibiza ! L'émission fait carton plein et depuis, ça ne s'est jamais arrêté. Quelle histoire ! J'ai parfois l'impression que tout ceci est arrivé à quelqu'un d'autre.

Aujourd'hui, quand je regarde en arrière, quand je pense à toutes ces étapes de ma vie, que je revois les événements qui ont jonché mon parcours, de la petite fille qui joue à Céline Dion jusqu'au coup de téléphone de Camilla, tout ça ne fait aucun doute : la vie est vraiment le résultat de nos pensées. C'est incroyable, peut-être, mais c'est vrai. C'est juste incroyable ! Et je ne parle même pas d'écrire un livre pour vous le raconter ! Si on m'avait dit tout ça, si on m'avait dit que je deviendrais celle que je suis, si on m'avait parlé de toutes ces rencontres, de tous ces échecs qui m'ont endurcie, de toutes ces opportunités, de toutes ces émissions, je n'y aurais jamais cru. Mais ce qui est paradoxal, c'est qu'une partie de moi a toujours eu un espoir. Comment expliquer ce paradoxe ? Je pense qu'il est question de ne pas se mentir et d'oser s'avouer les choses. Oser se dire qu'on y croit. D'où je suis partie, de mon petit village, c'est quand même surréaliste, et c'est quand même la preuve qu'il est essentiel de s'accrocher à ses rêves et de les construire ! J'ai créé tout ça, parce que j'ai appelé tout ça. J'ai attiré ma vie, et pas seulement mon vœu d'être bien financièrement. Je voulais être du côté des médias, je voulais partager avec le public. Je voulais tout ça, même si c'était enfoui ! Et je me suis accrochée, j'ai rebondi, je n'ai pas attendu que tout me tombe tout cuit dans le bec. Pratiquer la loi de l'attraction, c'est agir. Mais agir, c'est aussi prendre des décisions en conscience, des décisions en accord avec son souhait. Depuis, entre deux tournages de téléréalité, j'ai réalisé mon rêve d'aller à l'école. Une école pour acteur. J'ai fait l'Actors Studio à New York, comme Robert De Niro ! Même si je ne deviens pas une grande actrice, c'est avec conviction que je suis heureuse de la femme que je deviens aujourd'hui, heureuse et satisfaite de mon parcours, fière de ce que j'ai fait, et de ce que je fais. Heureuse d'être dans le milieu de la téléréalité, d'être une candidate de télé et pouvoir dire que nous ne sommes pas tous débiles (rires), moi qui avais pourtant un paquet de préjugés collés aux chevilles ! Ce boulot ne m'a pas empêchée d'avancer car j'ai décidé d'accepter le vent dans mon dos. J'ai gagné en humilité, ne jamais juger un livre avant de l'avoir lu.

> **« *Il faut oser se dire qu'on y croit.* »**

J'encourage tout un chacun à sentir le vent dans son dos, à ne pas lutter contre. En premier lieu, j'ai toujours encouragé mes deux meilleures amies à y croire. Je les ai initiées à la loi de l'attraction, aux pierres, à tout ça. Je suis contente car nous sommes désormais en osmose sur le sujet. Nous partageons les mêmes croyances, vivons la même spiritualité. J'ai essayé d'en faire part à ma famille, de sensibiliser tous mes proches. C'est difficile, tout le monde ne veut pas y croire. Mais la loi de l'attraction et le secret existent depuis des milliers d'années, les plus grands savants… le savaient. On essaie de nous faire passer des messages dans la vie, dans la presse, dans les films, dans les clips. On nous le dit. C'est là ! Mais la plupart des gens ne voient pas ces signes, ces rappels. Et aujourd'hui, je partage cette loi avec vous.

ACCEPTER LES ÉCHECS

« L'échec est le fondement de la réussite. »
Lao Tseu

Je ne suis pas arrivée tout de suite là où je suis. La route n'a pas été limpide. Elle n'a pas été toujours bien éclairée. J'ai simplement pris soin d'écouter mes pensées et de les tourner vers mes rêves, même si au départ, je l'avoue, je ne contrôlais rien. Mais il y a eu des soirs compliqués. Des semaines compliquées. Il y a eu d'énormes moments de doutes et parfois la sensation désastreuse que je n'y étais pas du tout. Pire, j'ai flirté avec cette sensation d'échec, qu'au premier abord on estime décourageante. Bien sûr que l'échec, quand il infiltre notre cerveau et nous répète que nous nous sommes plantés, se transforme en sapeur de moral. L'échec nous donne envie de nous planquer sous la couette !

« L'échec est une chance. »

Or, notez bien ceci : l'échec est une chance. Véritablement. Je vous le dis. « Le succès est un piètre enseignant. Nous apprenons plus de nos échecs à notre sujet lorsque nous échouons, alors n'ayez pas peur de l'échec », écrit Robert Kiyosaki dans son best-seller *Père riche, Père pauvre*.

Regardez toutes ces personnalités qui ont échoué avant d'être ce qu'elles sont. Qu'aurions-nous à gagner d'un succès imminent, d'une réussite sans bavure, d'une gloire évidente ? Absolument rien. C'est en essayant, et en tombant, que les enfants apprennent faire du vélo. Échouer nous apporte grand nombre de leçons. Regardez J. K. Rowling, l'autrice de *Harry Potter* ! Combien de fois a-t-elle été recalée avant de devenir mondialement connue ? Et Oprah Winfrey ? Née dans un milieu très pauvre, elle parvient à gravir les échelons malgré les nombreux échecs et toutes ces personnes qui ont tenté de la décourager en lui prédisant qu'elle ne ferait jamais de télévision. Elle est pourtant devenue l'une des plus grandes présentatrices américaines, si ce n'est la plus grande. Et Steve Jobs ? Et Einstein ? On le soupçonnait d'être mentalement déficient, mais il s'est accroché, jusqu'à révolutionner la physique et gagner un prix Nobel ! L'échec nous construit. N'ayez pas peur d'échouer.

La vie, à mon sens, c'est comme une partie de poker ou de black jack au casino : si tu joues et que tu n'arrêtes pas de gagner, le casino finit par changer de croupier (véridique, je l'ai vu de mes propres yeux) pour casser cette énergie de gagne et de chance. Ce qui veut dire que nous pouvons, dans nos vies, accumuler les succès, les joies, les bonnes nouvelles, cela ne veut pas dire que nous ne serons jamais confrontés à des doutes, des moments difficiles, des chutes. Ce n'est pas de la malchance, c'est irréductible. Mais nous pouvons, au maximum, nous faciliter la vie en rebondissant, en entretenant notre détermination. Nous n'échappons pas aux malheurs, aux mauvais moments, aux déceptions !

C'est d'ailleurs parce qu'ils sont là que nous mesurons ensuite le bonheur. Que nous en connaissons le goût et que nous l'apprécions. Que nous puisons l'énergie suffisante pour repartir ! Souffrir nous permet donc d'aller vers du mieux, de comprendre le fond de nos attentes, les contours de nos besoins. Quand nous ne sommes pas bien, la vie nous envoie des messages. Elle nous propose de réfléchir à la situation. Que se passe-t-il ? Qu'est-ce que cela signifie ? Nos réponses nous guident vers une nouvelle page.

TENEZ BON !

Tout ça demande de ne pas lâcher. Il ne s'agit même pas d'être motivé, il s'agit d'être déterminé. Et je vais être honnête avec vous : je ne lâche rien. Il ne faut pas croire que je m'endors parce que je maîtrise le sujet ou parce que j'ai réalisé mon plus grand rêve. Nous devons tous « tenir bon », nous devons tous, encore et toujours, travailler pour notre réussite. Travailler sur nous-mêmes pour devenir de meilleures personnes. Nous sommes responsables de notre réussite et capables de gravir cette montagne. Et en haut, nous devons rester vigilants. Admirer le parcours, faire preuve de reconnaissance, exprimer notre gratitude, mais toujours veiller à rester dans nos pensées positives, tournés vers un avenir plaisant, conforme à nos désirs. Nous ne devons cesser d'y croire.

Petite, je ne comprenais pas les messages cachés que l'on trouvait dans les films, les chansons et les citations. Celle-ci, de citation, reflète parfaitement ce que je vous écris : « C'est lorsque l'on perd quelqu'un ou quelque chose que l'on se rend compte de sa valeur. » Comme dit à plusieurs reprises, n'attendez pas de perdre quelque chose pour vous rendre compte à quel point c'était important à votre vie. C'est ici et maintenant !

NE VOUS LAISSEZ PAS POURRIR

« La vie des autres n'est que la vie des autres. »

Paulo Amaro

Pour que votre détermination reste intacte, pour que vos messages à l'Univers restent puissants, entourez-vous de personnes bienveillantes et méfiez-vous de celles qui pourraient vous décourager en une fraction de seconde. Souvent, les gens ne s'en rendent pas compte, mais ils nous mettent des bâtons dans les roues. Ils se basent sur leur vécu et nous mettent en garde. Ils nous disent « Tu ne vas quand même pas tout plaquer ? » ou « Tu es trop difficile en amour, tu ne rencontreras personne ! ». Que de petites phrases (négatives) qui altèrent notre énergie et nous détournent de nos objectifs. Alors veillez à vous entourer de personnes positives. Ne vous confiez pas à n'importe qui, car chacun y va de son expérience. Peut-être que ça part d'une bonne intention, mais certaines remarques brisent nos élans. Pensez à vous. Agissez pour vous. S'il y a bien une personne qui sait ce qu'elle doit faire, c'est vous. Ça se passe en vous. Ça se passe dans vos conversations avec l'Univers.

Nous pouvons tous changer. Vous pouvez changer. Vous pouvez croire en vous, vous avez le droit de croire en vous, le droit d'être convaincu. Vous devez être convaincu. Je veux que vous l'entendiez, que vous le sachiez, que vous relisiez ce livre dès que vous en doutez. Vous devez prendre soin de vos pensées, vous accrocher à votre gri-gri mental et fuir le négatif. Vous devez visualiser vos rêves, les savoir possibles. Savoir que l'Univers est là, qu'il vous écoute et vous entend. Il entend vos mots, vos précisions et vos prières.

Alors vibrez. Vibrez d'où vous êtes, vibrez en vous faisant des films, en regardant le tableau de vos rêves, en vous couchant le soir. Vibrez en pensant à vous, vos capacités, aux chemins qui s'ouvrent à vous et tout ce que vous pourriez obtenir. Vibrez sur la route. Vibrez et continuez. Vibrez même en cas d'échec. Vibrez même plus fort en cas d'échec. Je suis avec vous. Je sais qu'il y a des moments difficiles, je sais les soirs où rien ne va, je sais combien nous pouvons valdinguer quand la vie ne ressemble pas à nos souhaits les plus intimes. Je sais que parfois, il est plus facile de ne pas y croire que de s'accrocher. Mais accrochez-vous. Acceptez les moments creux en vous relevant plus fort et plus grand. Devenez vous-même, devenez la personne que vous voulez être. Ne laissez personne choisir à votre place. Pensez pour vous, pensez dans votre sens, pensez fort et pensez grand. Votre pire

> **« Acceptez les moments creux, et remplissez-les dès que possible. »**

ennemi ne peut pas vous faire de mal autant que vos propres pensées.

Soyez la personne à qui vous feriez confiance. Ou disons-le carrément : soyez la personne que votre chien imagine que vous êtes !

N'hésitez pas à relire ce livre dès que vous vous sentez mal et que vous ne croyez plus en vos rêves. Écrivez dedans s'il le faut et n'oubliez pas de relire la liste de vos rêves aussi souvent que possible.

CONCLUSION

NE SONNEZ PAS LA CLOCHE

« Il n'y a qu'une chose qui puisse rendre un rêve impossible, c'est la peur d'échouer. »

Paulo Coelho

Quand j'ai accepté de faire l'émission *Moundir et les Apprentis Aventuriers*, saison 3 en 2018, je ne savais absolument pas dans quoi je m'embarquais, ni même pourquoi j'avais accepté !

Je l'ai souvent dit et je vais vous le redire ici : je n'aurais pas misé un centime sur moi et pas même un euro sur mon binôme. Le but de cette émission consiste à faire de la survie pendant trois semaines non-stop sur une île au sud de la Thaïlande, sous 35 degrés, dès 10 h du matin. Nous signons donc pour faire de la survie et des épreuves sportives en plus chaque jour. Pas de confort, pas de nourriture ou très peu, pas de savon, ni de brosse à dents. Il y a un matelas de yoga à même le sol sur du bois dur qui a un tas de trous et laisse entrer n'importe quelle bête dans la cabane. Je pensais craquer dès le début, ne pas tenir, rester trois jours MAXIMUM et puis abandonner. Mais au fur et à mesure, je me suis fixée des objectifs. Le premier était tout simple : ne pas partir la première. Partir la première, c'était un peu la honte même si je suis sûre que les téléspectateurs auraient compris. Je ne suis pas partie la première. Les jours avançaient et je ne savais pas combien de temps j'allais tenir. Sincèrement je vivais au jour le jour, par pallier d'élimination tous les trois jours en me disant : « Encore un jour de plus. »

À *Moundir*, il y avait la cloche de l'abandon, une cloche très visible au loin sur la plage. La cloche signifie « Vous n'aurez plus besoin de dormir par terre », « Vous n'aurez plus besoin de mourir de faim », « Vous n'aurez plus besoin de ne plus vous laver », « Vous n'aurez plus besoin de prouver quoi que ce soit à qui que ce soit ».

La cloche était juste là, près de nous. Pour quitter l'aventure, il fallait simplement la faire sonner. La seule chose que nous avions à faire pour arrêter cette souffrance, c'était de la faire sonner ! Fini le calvaire, direction l'hôtel et la piscine ! Dodo dans un lit douillet après avoir mangé un vrai repas et pris trois douches… Il suffisait juste de la sonner.

Plus de parcours, plus d'obstacle, plus d'entraînement physique, plus de difficulté, plus toutes ces choses que l'on nous infligeait.

Tous les matins, j'ai regardé cette cloche. Tout au long de l'aventure, j'ai vu plusieurs personnes la faire sonner et quitter la plage avec une délivrance qui se lisait sur leur visage. Mon binôme, Julien, a voulu sonner la cloche au bout de deux jours car il n'avait pas ses cigarettes, c'est vous dire.

Il n'y a pas un jour où je n'ai pas pensé à cette cloche. Une voix me disait « Milla, tu as tenu une semaine. C'est bon, tu peux rentrer maintenant, retrouver ton chéri, ta vie, ta famille, ton confort, ton chien Marty McFly ».

C'est à ce moment-là qu'une autre voix, une que je n'avais jamais entendue auparavant, est venue contredire la première : « Milla, si tu es allée jusqu'ici, tu vas t'arrêter ? Tu ne vas pas continuer ? Tu as réussi à faire une semaine sans t'entretuer avec ton binôme, pourquoi ne pas essayer de rester encore une semaine de plus ? Essaye ! Tu en es capable ! » J'ai donc écouté et les jours ont passé. Et c'est ainsi qu'un beau matin la voix m'a dit : « Milla, ça va faire trois semaines maintenant ! Trois semaines, *Girl* ! Tu es aux portes de la finale, ça serait trop bête d'arrêter là, tu dois être en finale ! » Et me voilà donc en finale !

À bout de force, j'ai changé mentalement, je suis devenue quelqu'un d'autre. C'est devenu mécanique, je ne voyais plus que la victoire. Car la voix m'a dit avant le top chrono : « Milla si tu es arrivée jusqu'ici en finale, c'est que tu dois gagner. » Et j'ai gagné. Nous avons gagné, Julien et moi, car je n'aurais pas pu gagner seule, et il n'aurait pas pu gagner sans moi. Il était les jambes et moi j'étais le cerveau, Minus et Cortex. Julien est un garçon impulsif. S'il n'avait pas été avec moi, il n'aurait pas gagné. Il aurait sonné la cloche, j'ai su l'apaiser et il a su me faire confiance.

Si vous voulez vous surpasser, vous dépasser, changer de vie, ne sonnez jamais la cloche. Avant même d'arriver dans le jeu, je ne croyais pas en moi. De plus, j'avais été la risée d'Internet lorsque les gens ont découvert ma participation à l'émission. J'étais en surpoids et je n'étais pas sportive et même si c'était dur à admettre, je pensais qu'ils avaient raison.

Finalement, durant ces épreuves, ces critiques et moqueries m'ont aidée à me surpasser, pour prouver le contraire à tout le monde.

Personne ne croyait à notre victoire. En ne sonnant pas cette cloche, j'ai appris énormément sur moi-même. J'ai appris que je pouvais me dépasser et même gagner. J'imagine que mon binôme a dû ressentir la même chose.

Cette expérience m'a marquée à tout jamais et je ne cesse de m'en servir comme référence dès que j'ai un coup de mou. La voix n'est jamais partie : « Milla, tu vas rater ton rendez-vous car tu n'as dormi que cinq heures ? À *Moundir*, tu as déjà dormi seulement trois heures ! Par terre et avec rien dans le ventre ! Debout ! », « Milla, tu es une femme forte, tu as mangé une araignée et une punaise d'eau ! », « Milla, tu vas vraiment pleurer pour ça ? Guerrière, tu as gagné *Moundir* ! ».

Et je vous promets, vous ne pouvez pas savoir à quel point cela m'a aidée et je vous souhaite tous un jour, non pas de manger une mygale, mais de trouver cette voix qui est en vous et qui vous encourage à chaque moment de doute et de faiblesse.

Accrochez-vous, battez-vous, pour prouver aux autres ou juste à vous-même que vous en êtes capable !

Je finirai par dire que je pense que la vie est comme dans *Moundir et les Apprentis aventuriers* : des obstacles, des défaites, des récompenses, des moments drôles, des moments difficiles, des gens qui viennent et qui s'en vont mais si vous voulez gagner, ne sonnez jamais cette cloche !

Milla

REMERCIEMENTS

Je tenais tout d'abord à remercier mon public, ma communauté. Vous remercier pour tout ce que vous m'apportez au quotidien ! Votre soutien, votre amour, votre fidélité ! Je vous dois tout ! Sans vous, je n'aurais sûrement pas eu la chance de pouvoir écrire ce livre. Sans vous, je n'aurais jamais pu rendre mes rêves possibles ! Merci infiniment ! Puissent tous vos rêves se réaliser ! Ainsi soit-il !

Un grand merci à ma maman qui a toujours été là pour moi. Merci pour la force et tout l'amour que tu m'as donnés, je t'aime plus que l'Univers !

Merci à ma famille, mon beau-père, mon père, mes sœurs – Berengère, Laura et Safia –, mon petit frère Thibault et mes proches qui ont aussi contribué à l'écriture de ce livre.

Merci aux éditions Eyrolles pour leur patience et de m'avoir donné l'opportunité de raconter mon histoire.

Merci à chaque personne qui a cru en moi et m'a tendu la main.

Merci à mon agent Magali Berdah qui a révolutionné le monde des influenceurs et a changé ma vie ! Et celle de beaucoup d'entre nous !

Merci Banijay prod ! Vous m'avez fait grandir !

Merci à ceux qui n'ont pas cru en moi, merci aux mauvaises expériences qui m'ont permis de gagner en humilité et en sagesse.

Merci Shoraya, Kira, Khad, Vivi, Sab, Sarah T., Laura et Manon.

Merci à ceux que j'ai oubliés.

Merci à vous tous.

CET OUVRAGE
A ÉTÉ ACHEVÉ D'IMPRIMER
SUR ROTO-PAGE
PAR L'IMPRIMERIE FLOCH
À MAYENNE EN JANVIER 2021

N° d'impression : 97588
Dépôt légal : janvier 2021
Imprimé en France